ARSÈNE HOUSSAYE

SOUVENIRS

DE JEUNESSE

1830-1850

PARIS

ERNEST FLAMMARION, ÉDITEUR

26, RUE RACINE, PRÈS L'ODÉON

Tous droits réservés.

SOUVENIRS DE JEUNESSE

A LA MÊME LIBRAIRIE

DU MÊME AUTEUR

SOUVENIRS DE JEUNESSE
1850 A 1870
**

1 vol. in-18..... 3 fr. 50

Mlle DE LA VALLIÈRE ET Mme DE MONTESPAN
ORNÉ DE DEUX PORTRAITS
1 vol. in-18............. 3 fr. 50

NOTRE-DAME DE THERMIDOR
AVEC LE PORTRAIT DE MADAME TALLIEN
1 vol. in-18....... 3 fr. 50

DOUZE NOUVELLES NOUVELLES
Illustré. 1 vol. in-18................. 3 fr. 50

LES ONZE MILLE VIERGES
Nombreuses illustrations et eaux-fortes
1 vol. in-18....... 3 fr 50

HISTOIRE DU 41e FAUTEUIL DE L'ACADÉMIE FRANÇAISE
Orné de 17 portraits à l'eau-forte. 1 vol. in-18 : 3 fr. 50

Dans la Collection des « Auteurs célèbres » à 60 centimes.

LUCIA
1 volume.

MADAME TROIS-ÉTOILES
1 volume.

LES LARMES DE JEANNE
1 volume.

LA CONFESSION DE CAROLINE
1 volume.

JULIA
1 volume.

ÉMILE COLIN — IMPRIMERIE DE LAGNY

A CAMILLE ROGIER

―――

Mon cher contemporain,

Nous sommes, je crois bien, les seuls survivants de l'époque radieuse du romantisme (1830-1848). Je te dédie ces pages, les dernières sans doute que j'écrirai, à toi qui fus une des plus charmantes figures du bataillon sacré. Tu as illustré les Contes d'Hoffmann, toi qui contais si bien les contes romantiques. C'est toi qui le premier as eu l'idée de vivre en phalanstère dans le vieux Paris devant le Louvre, dans ce vieil hôtel bien digne de nous abriter tous. Nous l'avons d'ailleurs illustré de peintures plus ou moins étranges où chacun de nous marquait son style. C'était d'ailleurs le style

Renaissance et non le style moyen âge qui dominait.

Il y avait bien aussi, grâce à toi, le style orientaliste. Je vois encore ta Cléopâtre dont j'étais amoureux. Tout cela était peint sur des panneaux appartenant au propriétaire; il nous a fallu tout abandonner en abandonnant l'hôtel. Que ne donnerais-je, aujourd'hui, pour retrouver ces peintures! Gérard de Nerval, orientaliste comme toi, s'est risqué à emporter ta Cléopâtre. Te souviens-tu que, par le hasard des choses, tu as retrouvé Gérard de Nerval à Thèbes? Moi, je l'avais retrouvé à Venise, s'embarquant pour Constantinople. C'en était donc fait du Phalanstère. Pétrus Borel voyagea aussi. Notre pauvre ami est mort de faim dans les sables du désert. Edouard Ourliac n'alla que jusqu'à Rome où, grâce à l'itinéraire chrétien de Louis Veuillot, il retrouva Dieu qu'il avait d'abord renié.

Notre cher Théophile voyagea aussi, pour faire revivre ce qui n'était plus. Qui eût osé dire que notre bohème, surnommée la bohème dorée, serait ainsi jetée aux quatre vents ! Et maintenant, tous nos amis sont morts : l'amiral Coupevent-des-Bois, qui voulait vivre cent ans, comme Gavarni, qui voulait mourir jeune. Karr a tenu bon longtemps. Il a vieilli comme Victor Hugo qui ne dédaignait pas de venir à nous dans notre bruyante solitude. Et maintenant, que reste-t-il de tout cela ? Quelques œuvres plus ou moins périssables, un souvenir qui refleurira sous la main des chroniqueurs futurs. Il reste encore notre amitié, dont les heures sont comptées.

Que ne pouvons-nous retourner en arrière au lieu de marcher toujours vers le sépulcre ! Comme nous retournerions avec joie vers cette glorieuse étape de nos vingt ans où nous connûmes l'amitié vaillante des artistes.

AR — H — YE.

SOUVENIRS DE JEUNESSE

I

ÊTRE AIMÉ !

SAINTE-BEUVE ET LE « LIVRE D'AMOUR »

Au temps où Sainte-Beuve voulut prendre, sans y réussir, non pas la renommée mais la femme de Victor Hugo, il était tout à la poésie. Il n'avait plus le courage de secouer la poussière de sa bibliothèque ; il écrivit son unique roman : *Volupté*. Oui, il aspirait à la volupté, à toutes les voluptés pour arracher de son cœur la figure de cette brave créature, Adèle Fouché, devenue madame Victor Hugo. Pourquoi la jeune femme ne le jetat-elle pas tout de suite à la porte quand il osa tenter le crime de lèse-amitié, car il jouait encore le rôle de l'ami quand il voulait être l'amant de la femme. C'était au temps où Victor Hugo était dominé, lui le dominateur de l'Olympe romantique, par les beaux yeux de Juliette, cette mauvaise comédienne qui se consola dans la politique de son échec sur les planches.

Dans le monde du théâtre, il faut toujours qu'une femme s'impose, soit par le talent, soit par la beauté. Juliette aurait bien pu se contenter d'être belle, mais elle voulait régner pour avoir une cour de flatteurs. Le premier flatteur, ce fut Victor Hugo. Quand madame Victor Hugo vit les ravages de l'actrice dans le cœur, sinon dans l'esprit de son cher Victor, elle perdit quelque peu la tête.

Sainte-Beuve jugea que c'était l'heure de la crise et de la prise. Il ressentit et joua tous les embrasements de la passion. Il tomba à genoux et rima des stances bien allumées, car, en ce critique, il y avait aussi un poète. Il rima tout un volume.

Profondément jalouse de la maîtresse, la femme, presque abandonnée, ne dédaigna pas de lire les vers de Sainte-Beuve, et Sainte-Beuve s'imagina qu'un jour ou l'autre il prendrait la femme d'assaut. Sainte-Beuve comptait sur l'esprit de vengeance mais, outre qu'il était fort laid, elle était fort vertueuse. Ce fut alors que, perdant la tête, Sainte-Beuve publia ce fameux *Livre d'amour* dont on a tant parlé, livre de feu et de flammes. Ce petit monument élevé à la beauté de madame Victor Hugo c'était une mauvaise action pire que tous les crimes de Don Juan, puisqu'on ne doutait pas, en lisant les vers, que le poète n'eût pas triomphé.

A ce propos, je vais donner une lettre que m'écrivit Sainte-Beuve après avoir repris partout où il pouvait le *Livre d'amour*. Il pleura de vraies larmes sur son forfait, mais nul ne lui pardonna, même parmi ses meilleurs amis qui l'avaient vu faire son *meâculpâ*.

« `A Arsène Houssaye.

» Ce 14 juillet.

» Mon cher poète,

» Voilà une nouvelle édition de poésies ; c'est bien assez de vers comme cela. Je vous rappelle instamment ce que vous m'avez promis de faire pour les autres ; tâchez à tout prix et aussi promptement que vous le pourrez de les avoir entre vos mains ; tout ce que vous croirez devoir faire, à cet effet, sera bien fait et un vrai service dont je vous resterai profondément reconnaissant.

» Si l'idée que vous ne les demandez que pour en publier donnait du scrupule à ceux qui pourraient avoir ces vers entre les mains, vous pourriez les rassurer et dire que vous

vous réservez de publier ou de ne pas publier ; que vous voulez choisir et que vous ne désirez pas moins acquérir le tout.

» Veuillez donner ce qu'on en demanderait.

» Et encore garantissez-leur le secret.

» Mais je me confie en cette négociation à votre esprit et à votre amitié.

» Sainte-Beuve.

» Une prière encore :

» Au cas où ces personnes diraient qu'elles n'ont plus ces vers entre leurs mains, ne pourriez-vous savoir d'elles :

» 1° Si ce qu'elles avaient était plus que de simples épreuves ;

» 2° Si c'était une portion ou la totalité ;

» 3° Si ce qu'elles avaient entre les mains n'en est point sorti pour passer entre celles de la personne qui en a fait, il y a une couple de mois, un si mauvais usage. »

(Sic.)

J'eus beau faire, je ne pus arracher l'exemplaire que j'avais eu dans les mains et qui appartenait à un autre ami de Sainte-Beuve qui s'était brouillé avec lui. On jasa beaucoup sur le *Livre d'amour*. Tout le monde condamna Sainte-Beuve. La lettre qu'il m'écrivit prouve bien son repentir.

Nul ne lui pardonna, hormis Victor Hugo, qui n'avait pas douté un seul instant de la vertu de sa femme. Charles Hugo médita une vengeance terrible, mais ses amis le calmèrent en lui disant que le silence était d'or pour toutes les affaires de cœur.

— Vous avez raison, mes amis, dit Charles Hugo, les odieuses calomnies de Sainte-Beuve s'effacent devant sa laideur ; mais ces calomnies ne pouvaient atteindre la femme de Victor Hugo.

Prenons pourtant pitié de Sainte-Beuve, qui a toujours poursuivi l'amour qui le fuyait toujours.

Être aimé ! c'est à la portée de tout le

monde. On voit des couturières qui s'empoisonnent pour des perruquiers. On voit des filles de chambre françaises qui se jettent à l'eau pour des cochers anglais. On voit même des femmes du monde qui se font enlever par des gens de maison. On parle des femmes entretenues : je crois que le nombre des hommes entretenus inquiéterait l'arithmétique de Léon Say. Eh bien ! il y a pourtant des hommes qui ne sont pas aimés et, parmi ces hommes, des poètes, parce que la nature railleuse s'est amusée à les faire laids, témoin Alain Chartier, témoin Sainte-Beuve. Alain Chartier a été embelli pour l'histoire par le baiser d'une reine de France ; mais Sainte-Beuve est mort sans le sacrement de l'amour.

Et pourtant Sainte-Beuve était charmant dans la causerie ; il avait des amis de toutes sortes pour sa bonté, pour son esprit, pour ses mots de sentiment, pour ses mots cruels, pour ses amitiés, pour ses trahisons ; mais il eut beau dire et beau faire, il eut beau rechercher le coin des femmes, il eut beau leur prouver qu'il était familier à toutes les féminéries, à tous les serpentements, à toutes les ondulations ; il eut beau être, tour à tour, attendri et moqueur, il eut beau prendre des mines de Werther et des airs de Lovelace, rien n'y fit.

Il avait cru naïvement que ses vers lui seraient lettres de recommandation. Il s'était mis en quatre, mais on ne le prit jamais pour un diable-à-quatre. Il décrocha des étoiles au ciel pour celles qu'il aimait comme d'autres offrent des diamants, mais jamais une femme ne fut prise à ses séductions ; on l'aimait comme un ami, mais point comme un amant.

N'être pas aimé ! Ne pas avoir place au banquet de la vie quand on est aussi vivant que le premier coquin qui s'enivre les coudes sur la table ; être un homme de marque et ne pas marquer sa griffe triomphante sur le sein d'une créature adorée ; être bien accueilli dans tous les mondes, y coudoyer des duchesses railleuses et des bourgeoises épanouies, sans qu'une main vous fasse signe, et sans qu'un regard vous brûle ; se réveiller le matin sans jamais recevoir, par la petite poste ou par un groom distrait, quatre lignes qui font battre le cœur ; comprendre les splendeurs du ciel, mais être seul pour les comprendre, ou, pour parler en prose, rentrer chez soi sans être poursuivi par une jalouse ou une affolée qui force la porte pour avoir sa part de ciel de lit, n'est-ce pas la désolation des désolations ?

Sainte-Beuve fut l'éternel inconsolé ! Il redisait, pour se consoler un instant, le beau vers de Voltaire, le plus beau vers de sentiment et de vérité qui soit tombé du cœur d'un poète :

C'est moi qui te dois tout, puisque c'est moi qui t'aime !

En effet, être aimé n'est presque rien, mais aimer c'est tout !

Sainte-Beuve mourut avec la conscience légère. Il avait fait de belles choses, il avait ouvert ses mains pleines de vérités, quelquefois pleines d'argent : il pouvait s'en aller. Victor Hugo n'a pas dit, en mourant, s'il croyait à Dieu ; ce qui est certain, c'est qu'il croyait en l'immortalité de son âme, sinon dans l'immortalité de toutes les âmes. Sainte-Beuve, qui avait été un chrétien fervent, avait mis de côté Dieu le père comme Dieu le fils. On en a la preuve, non parce qu'il se fit enterrer civilement, mais parce qu'un de ses derniers mots fut celui : « Rien dessus, rien dessous. » Ceux qui ont vu Sainte-Beuve jeune ne l'ont pas trouvé plus beau que Sainte-Beuve vieux. O cruelle nature, qui donne à un poète le sentiment du beau et la soif d'être aimé, quand elle n'a revêtu leur âme que d'un masque comique ! Rien n'était venu à point dans la figure de Sainte-Beuve ; quelques rares cheveux roux, des oreilles en plat à barbe, un front sillonné dès l'aurore, des joues luisantes et colorées dans un visage légèrement orangé, un petit nez en éveil, des yeux vifs, mais mal enchâssés, une bouche gourmande mais décolorée, un menton fuyant où la barbe était mal semée ; le tout sur un corps gros et court. Sainte-Beuve avait, pour ainsi dire, vaincu la nature. Une suprême intelligence rayonnait sur son front, l'esprit éclatait dans ses yeux, la bonté animait son sourire. Mais il ne fallait pas le mettre en colère, car tout son travail de retouche s'effaçait dans la laideur primitive.

Le nuage passait vite.

Il avait beau faire, il n'arrivait pas à changer sa figure. Il lui fallait vivre et aimer la sienne. Il ne se fit jamais d'illusions. Pauvre Sainte-Beuve ! a-t-il dit plus d'une fois en se regardant dans un miroir. C'est que son idéal, son souverain idéal, fut toujours d'être aimé, même jusqu'à la fin. Aimé ! il l'était par ses amis ; il ne l'était pas par les femmes.

Elles lui donnaient la menue monnaie de l'amour, l'amitié.

Eh bien! cet homme hors ligne, qui avait commencé par aimer Dieu, qui avait dans son expression je ne sais quoi du cénobite, je m'explique pourquoi il est tombé dans l'athéisme : c'est qu'il en voulait à Dieu de lui avoir donné un pareil corps pour une pareille âme. Je me trompe, il niait Dieu pour ne reconnaître que le hasard. Car si Dieu eût existé, il ne se fût pas joué d'une âme comme la sienne.

Chaque fois qu'on lui parla de publier son portrait, il dit avec un sourire de résignation : « A quoi bon? » Il voulait effacer l'homme dans l'œuvre. Le rêve de Sainte-Beuve fut donc d'être aimé ; ce ne fut qu'un rêve.

Quand je connus Sainte-Beuve, une vague aspiration vers l'Académie le contenait déjà dans ses vagabondages poétiquement amoureux.

Je dis poétiquement, car la première venue

lui inspirait les hémistiches bleus, quoiqu'il aimât le terre-à-terre. Il était toujours au pourchas de quelque fillette du pays latin, une désœuvrée ou une boutiquière, ce qui ne l'empêchait pas de jeter quelques autres hémistiches plus endiamantés chez les femmes du monde soutachées de littérature ; mais le pur bas-bleu, il ne l'aimait pas.

Un soir que nous errions sous les galeries de l'Odéon par une pluie battante, il me dit, en saluant une étalagiste en librairie : « Si nous dînions avec Roxelane ? » La demoiselle répondit à son salut par un sourire de franc-maçonnerie galante. C'est qu'ils avaient déjà dîné ensemble. En ce temps-là, on dînait à six heures. La demoiselle ne fit pas de façons. Elle pria sa voisine de veiller sur ses livres, elle mit son chapeau de travers et nous accompagna discrètement comme une femme qui suit le même chemin. En deux minutes, nous voilà chez Pinson, dans un petit cabinet familier à Sainte-Beuve. Pinson lui-même apparaît :

— Je sais, dit-il, d'un air entendu : une soupe à la bisque, une sole à la normande, une fricassée de poulet aux truffes.

— Oui, oui, interrompit Sainte-Beuve, au hasard de la fourchette, avec une bouteille de moulin-à-vent.

— C'est cela, dit la demoiselle, pour me faire tourner la tête.

On se mit à table. Elle était assez jolie, cette petite Roxelane qui ne demandait qu'à jeter son chapeau par-dessus la bouteille de moulin-à-vent, mais avec elle, il ne fallait pas causer littérature. Elle avait horreur des livres depuis qu'elle en vendait, comme les petites bonbonnières ont horreur des bonbons. Aussi, dès que nous prononcions un nom connu dans les lettres, elle se mettait à chanter les ballades de Victor Hugo et d'Alfred de Musset.

— Voyez, me disait Sainte-Beuve, nous avons bien tort de ne pas faire de chansons!

Il avait peut-être raison ; les poètes ne sont

lus que par les poètes, ils montent dans les sphères radieuses ; tandis qu'ils sont chantés par des lèvres de vingt ans, quand ils descendent jusqu'aux strophes familières ; tout poète renferme un oiseau royal et un oiseau chanteur, un paon et un coq, un aigle et un rossignol.

La petite Roxelane avait à peu près autant d'esprit que de figure, esprit retroussé comme son nez, des hardiesses, des impertinences, des va que je te pousse ! Le dîner était devenu fort gai. Quand Sainte-Beuve s'amusait, il s'amusait bien et moi pareillement, mais je m'amusais ce jour-là surtout du spectacle. Je comparais les trois Sainte-Beuve, la gravité majestueuse du critique, la pénétrante mélancolie du poète consolé par les larmes, la gaillardise de l'homme de trente-cinq ans qui ne donne pas encore sa place au banquet de la jeunesse.

A la troisième bouteille, la petite Roxelane sauta comme une chatte sur les genoux de

Sainte-Beuve et l'embrassa à tour de bras. Il était rayonnant. On ne l'avait peut-être jamais si gentiment embrassé. Il y avait bien un peu de moulin-à-vent dans cette affaire.

On rit beaucoup au dessert. On fit sauter un bouchon de vin de Champagne. La dame nous conta mille et une drôleries : elle nous fit l'histoire galante des galeries de l'Odéon, où, selon elle, on voyait venir des femmes du monde pourchassant les étudiants. — Vieux clichés !

Vers minuit, nous descendîmes.

Une surprise à la porte : un monsieur en garde national offre son bras à Roxelane qui, déjà, avait pris le bras de Sainte-Beuve. L'homme de la garde nationale insiste brutalement. Elle l'envoie au diable dans le beau style. Sainte-Beuve contresigne. Il paraît que c'est le mari.

— Comment, petite malheureuse ! lui dis-je, si jeune et déjà mariée ?

Sainte-Beuve, qui, on le sait, un jour d'orage, s'était battu au pistolet, un parapluie à la main, voulant bien être tué mais ne voulant pas être mouillé, portait toujours son parapluie légendaire. Le voilà qui s'escrime vaillamment contre le garde national, lequel avait aussi le parapluie légendaire de son roi-citoyen. Vrai duel au réverbère. L'homme à la tunique est repoussé avec perte et ramasse son parapluie, que Sainte-Beuve a fait voler à six pas de là. — Le poète repart en avant, reprenant le bras de Roxelane.

— Je suis mariée, murmure-t-elle, mais je suis séparée.

— Je vois bien, lui dis-je en riant.

Et j'accompagne les fugitifs dans le souci d'un autre duel.

Sainte-Beuve n'était pas au bout de ses peines. Dans la peur qu'elle ne rencontrât son mari, il voulut accompagner la dame jusque chez elle, place de la Sorbonne. Quand elle arriva sur la place, elle poussa un cri digne de traverser les siècles, s'il y a toujours des femmes galantes :

— O ma maison, quelle joie de te revoir ! Il y a quatre jours que nous ne nous sommes vues !

— Comment, dit Sainte-Beuve, quatre jours sans rentrer chez soi ! Vous êtes donc bien pervertie ? Ce n'est pas assez d'avoir un mari, vous avez quatre amants !

La dame s'indigna.

— Oh ! Monsieur, pouvez-vous me calomnier ainsi ! J'en ai à peine deux !

Je revis la petite Roxelane à son étalage ; elle était plus pimpante encore. C'était à la brune, ses yeux noirs allumaient les lèvres et les cœurs. Nous causâmes cinq minutes. Elle me raconta que le dernier dimanche elle était allée faire une partie de campagne avec Sainte-Beuve, bien loin, bien loin, du côté d'Issy et de Vaugirard. Elle courait dans les blés pour cueillir des bleuets. Elle effeuillait des marguerites avec lui, pendant qu'il lui débitait un sonnet sentimental. Contre son habitude, elle s'était laissée prendre à la poésie du cœur ; un peu plus, elle pleurait avec lui ; mais en le regardant elle avait eu peur de cette tête de moine, quoique cette tête n'exprimât qu'une idée, l'ambition de toute sa vie : la douceur d'être aimé !

La petite Roxelane qui se retrouvait ce jour-là jeune comme à quinze ans devant les efflorescences de la nature, ne demandait qu'à partir pour un voyage dans le bleu ; il s'en fallait de bien peu que dans son expansion elle ne donnât son cœur et ses bras, et ses pâleurs, et ses larmes à Sainte-Beuve. Mais lui seul pleura d'amour.

— Comment ! dis-je à Roxelane, vous ne lui avez pas au moins donné l'illusion.

Mais l'heure de l'expansion était passée. Elle me jeta seulement ces mots cruels :

— Oh ! la ! la ! Pourquoi faire ? J'avais toujours peur d'embrasser un curé déguisé en homme.

A quelque temps de là, Roxelane fit du tapage avec un étudiant qui l'adorait et qui l'enleva à tous les adorateurs de la galerie.

— Tout s'en va ! me dit mélancoliquement Sainte-Beuve ; les dieux qu'on n'aime plus et les femmes qu'on aime encore !

Balzac était toujours comique dans ses colères ; aussi, pourquoi jouer au Jupiter foudroyant avec sa figure ronde et rouge. Il allumait bien le feu de ses yeux, mais il n'avait pas le geste tragique.

Balzac-Jupiter a foudroyé beaucoup d'imbéciles qui ne s'en portaient guère plus mal. Il s'indignait qu'on niât la lumière sous le soleil. Tout en peignant le monde tel qu'il le voyait, il aurait voulu créer un autre monde. J'ai dit déjà que la vie des autres ne lui coûtait rien. Il se croyait le don de l'extermination. Beaucoup de ses ennemis d'occasion furent par lui condamnés à mort : une mort plus ou moins prochaine. Il ne leur fit jamais grâce. Il n'eut pas de haine contre les femmes, mais il en eut beaucoup contre les hommes, surtout contre les faux hommes de lettres qui ne reconnaissaient pas son talent. Une de ses haines les plus plantées fut sa haine contre Sainte-Beuve. Il savait bien que Sainte-Beuve lui reconnaissait le génie, et il lui en voulait d'autant plus qu'il faisait semblant de ne pas le comprendre.

Je ne sais pas s'il le piqua dans le livre noir des sorcelleries, mais l'historien de la *Comédie humaine* mourut sans avoir enseveli Sainte-Beuve.

Qui ne serait étonné aujourd'hui en voyant ces deux renommées, dont l'une monte encore, quand l'autre descend vers les ténèbres, ou plutôt vers le purgatoire des quasi-grands hommes!

II

LA MARQUISE DE LACARTE

I

Jusqu'au jour où on a vu, dans les journaux du lundi, éclater d'une pure lumière les noms de Jules Janin, de Sainte-Beuve et de Théophile Gautier, on sentait le rayonnement sympathique de 1830. Même à travers les orages politiques, l'arc-en-ciel illumiminait les nuées. Ces trois rares esprits ont disparu presque du même coup. La nuit ne s'est pas faite dans les lettres, mais pourtant tous ceux qui ne se méprennent pas sur l'écrivain qui a le don, ont senti je ne sais quoi de nocturne autour d'eux.

Qui donc donnera, désormais, l'idée de cet esprit à l'aventure, de cette jeunesse épanouie qui s'appelait Jules Janin? On a parlé de ses années de collège et de ses années de misère. N'en croyez pas un mot ; il a traversé le jardin des roses de Saadi ; il a étudié l'anthologie avec Horace pour maître d'école ; il a picoré sur tous les chefs-d'œuvre de l'antiquité, ivre et bourdonnant, abeille d'or tour à tour gourmande et savoureuse. Je ne sais pas s'il a jamais mis le pied en la terre ferme, tant il a vécu de la vie idéale, des prismes du rêve, dans le cénacle des anciens, avec sa fenêtre ouverte, comme par échappées, sur le monde de son temps.

Et pourtant, quoiqu'il confondît tous les siècles, comme si le siècle de l'esprit n'en faisait qu'un, il peignait, avec autant de justesse que d'éclat, le tableau de la vie moderne ; il était plus vrai dans sa fantaisie que tous les réalistes patentés qui s'imaginent être vrais parce qu'ils n'ont pas le rayon.

Etudiez de près l'*Ane mort* et le *Chemin de traverse*, étudiez ses cent et un contes, ses mille et un feuilletons, vous reconnaîtrez que toute l'histoire intime du dix-neuvième siècle est là, vivante par fragments, comme vous trouvez dans l'atelier d'un peintre de génie la créature humaine, de face, de profil, de trois quarts. On entre dans l'œuvre de Jules Janin comme dans un atelier : ici un fusain, là une gouache, plus loin une ébauche, çà et là de vivantes peintures qui ont l'âme, qui ont le regard, qui ont la parole.

Que de trouvailles inattendues !

On a déjà trop oublié l'œuvre de Jules Janin. Qand on remue cette montagne de sable fin, on s'étonne d'y trouver tant d'or pur !

La sottise de la plupart des critiques, ceux-là qui ne laisseront rien après eux, c'est de n'être jamais content de rien, hormis d'eux-mêmes. Ont-ils assez « tombé » Janin, sous prétexte que, chez lui, le mot cachait l'idée ou plutôt que la pensée se noyait dans la phrase ! La critique disait à Janin, comme au peintre antique : « Ne pouvant la faire belle, tu l'as faite riche. »

Janin l'avait faite riche, parce qu'elle était jolie.

II

Quel charmant entraîneur pour tous ceux qui s'aventuraient dans les lettres ! Comme il leur donnait cordialement le coup de l'étrier ! Il semblait qu'il voulût les consoler par avance de tous les déboires futurs. Nous étions encore avec Théophile et Gérard dans la bohème du Doyenné, la mère-patrie de tous les bohèmes littéraires, quand je reçus, un matin, à ma grande surprise, un hiéroglyphe de Jules Janin, que nous lûmes en nous mettant à trois pour cette œuvre laborieuse. Il n'y avait que deux lignes, mais qui en valaient bien quatre.

Les voici, car je les ai gardées comme un parchemin de ma vingtième année. C'était à propos d'un roman oublié, à ce point que je l'ai oublié tout le premier : la *Pécheresse :*

« *Vous avez fait un livre charmant dont je raffole : venez me voir si vous passez par là.*

» JULES JANIN. »

Je n'attendis pas au lendemain. C'était en son temps le plus radieux ; il habitait le rez-de-chaussée et le jardin d'un grand hôtel de la rue de Tournon. Et il habitait cela en grand seigneur, avec tous les raffinements de l'artiste. On me fit traverser un salon splendide qui s'ouvrait sur un jardin inattendu : un petit parc tout peuplé d'arbres centenaires. Jules

Janin, qui lisait un journal sur le perron, me salua du meilleur sourire.

Je fus charmé de cette tête enjouée, presque enfantine, dans son cadre de cheveux noirs, bouclés par la nature avec plus d'art que par le meilleur perruquier. Il me dit les choses les plus gracieuses et me conduisit par une pelouse, pour prendre le chemin le plus court, vers la maîtresse de céans qui babillait avec un amoureux. « Madame, lui dit-il, je vous présente Arsène Houssaye, qui fait des pécheresses encore plus jolies que vous. »

Janin avait traduit à la soldatesque le mot *pécheresse*.

A ce mot, la marquise de Lacarte, car c'était elle, donna à Jules Janin le plus joli soufflet du monde, sans doute par habitude, car il ne s'en fâcha pas.

Elle me répéta le mot de madame de Girardin : « J'ai lu votre premier volume, mais je n'ai pas voulu lire le second. »

En venant ce matin-là, je faisais d'une pierre deux coups, car au lieu d'un ami, j'en trouvai deux ; le second, c'était l'amoureux de la marquise, Nestor Roqueplan, un dandy, un beau ou un fashionable, pour prendre les mots du temps. On ne s'imagine pas comme il jouait alors à la grâce et à la désinvolture, tout habillé à la mode du lendemain, tout parfumé d'aromes.

La marquise de Lacarte était chez Janin un luxe qui le ruinait, mais il n'avait pas le courage de briser. Elle était si belle, d'ailleurs, cette fille du baron Bosio, que c'eût été chasser de la maison l'œuvre d'art la plus parfaite. La voir, c'était le plaisir des yeux, même pour Janin, dont ce n'était plus le plaisir du cœur. La marquise ayant laissé tomber son mouchoir, je fus très surpris, en le lui offrant, d'en voir un autre dans sa main. C'était celui de Roqueplan ; mais le maître de la maison le saisit et me le présenta d'un air de raillerie : « Tenez, me dit-il, voyez où vont les gens d'esprit ; n'est-ce pas là le mouchoir d'un damoiseau ? » En effet, c'était un mouchoir de femme, tout parfumé d'eau de Portugal. « Vois-tu, Roqueplan, poursuivit Jules Janin, tu finiras par écrire dans un journal de modes. Figaro est déjà ton perruquier. »

On sait que Roqueplan avait fait quelque bruit dans le *Figaro :* Janin souligna son mot par un vif éclat de rire, mais la marquise de Lacarte consola Roqueplan par un sourire tout plein de promesses. J'entrais à vif dans un roman.

Roqueplan n'était pas invité à déjeuner, mais quand la femme de chambre vint avertir la marquise, il dit à Janin :

— Tu sais que je déjeune.

— Tu vas être bien attrapé, s'écria Janin, car ici, quand il y en a pour trois, il n'y en a pas pour quatre.

Ceci ne désarçonna pas Roqueplan, qui n'avait faim que de madame de Lacarte. On se mit gaiement à table. Ce n'était pas un déjeuner à la Balzac : il y avait de quoi se mettre sous la dent, quoique tout le monde eût de belles dents. Nous avions tous les quatre nos trente-deux dents, sans compter les dents de sagesse. Quelques jours après, comme j'étais retourné chez Jules Janin, je me trompai de porte, et je tombai comme un aérolithe dans la chambre à coucher de madame de Lacarte. Elle descendait dans sa baignoire. Suzanne la chaste se fût jetée à l'eau jusqu'aux cheveux, mais la marquise me dit avec son beau sourire :

— Ah! c'est vous? Donnez-vous la peine d'entrer; vous allez me tenir compagnie pendant une demi-heure.

— Je suis bien heureux, madame, de m'être trompé de porte.

Et nous voilà en gaie causerie. La marquise était couchée dans sa baignoire, non pas vêtue de l'air du temps, mais de l'eau qu'elle agitait de sa main blanche ; naturellement, je ne regardais pas de l'autre côté. Elle était charmante en naïade, avec ses cheveux opulents qui la voilaient à demi.

Tout à coup, la marquise me dit d'un air malin :

— Je vous avertis que je vais sortir du bain.

Et, souriant d'un sourire attractif qui me retint, car je m'en allais comme un Champenois :

— Donnez-moi la main.

Je vis alors la plus belle statue du baron Bosio. Ne l'ai-je pas dit dans mes *Confessions*? Honni soit qui mal y pense : la marquise était vêtue de ses cheveux — et de sa pudeur — et de mon amour de l'art.

Janin, qui avait quitté mademoiselle Georges pour la marquise de Lacarte, quitta la marquise de Lacarte pour sa femme, ce qui fit dire qu'il avait perdu la carte.

La marquise est morte après Janin, dans une masure du Tréport, où elle avait voulu se faire oublier, elle qui avait été une des reines de Paris par sa grâce de déesse comme par sa beauté éclatante. Ah! celles qui veulent être oubliées le sont bien vite! Paris ne se souvient pas.

III

Dans cet hôtel de la rue de Tournon, Janin s'effraya de son luxe ; il eut peur de manger son fonds avec son revenu. Il sacrifia héroïquement ses plus belles choses, moins ses livres, pour aller se réfugier au septième ciel dans un appartement de la rue de Vaugirard, en face de la grille du Luxembourg, disant : « Ce sera là mon jardin. » La mansarde fut bien vite dorée. C'était tout petit, mais c'était charmant : l'oiseau bleu ne pouvait pas chanter dans une vilaine cage.

Ce fut alors que cette jeune fille, dont quelques peintres ont éternisé la beauté dans ses radieux vingt ans, vint lui donner cette main loyale qui lui a toujours été si sûre et si douce. Son mariage fut un événement ; le contrat était étoilé de toutes les illustrations de ce temps-là, Thiers et Hugo en tête.

Une jeune fille comme toutes les autres eût dit à Jules Janin : « Je suis très fière de vous épouser, mais je ne veux pas monter dans cette mansarde. » Madame Jules Janin y monta et s'écria : *Le bonheur est ici.*

Et, pourtant, son père lui offrit ce joli petit château qui frappait l'œil de tous les artistes dans la grande avenue de Passy au milieu d'un océan de verdure, ou d'ailleurs Jules Janin passa la première nuit de ses noces. Château enchanté pour lui comme pour moi, puisque j'y passais aussi la première de mes noces. On nous croyait partis pour l'Italie, tandis que Janin et sa femme venaient dîner avec nous tous les jours.

Ce fut vers 1858 que Janin se décida à vivre

dans un coin des jardins de la Muette. Il bâtit lui-même sa maison, comme l'oiseau fait son nid, ne s'inquiétant que de la chambre de sa femme et de la chambre de ses livres.

C'est là que Jules Janin a passé les quinze dernières années de sa vie ; c'est là qu'il a écrit sa traduction d'*Horace*, son *Neveu de Rameau*, ses feuilletons des *Débats*, ses derniers romans ; c'est là qu'il a reçu tout ce que la France compte d'illustrations dans les lettres, dans les sciences, dans les arts. C'est là, pourrait-on dire, qu'il a été nommé à l'Académie française, car Janin a reçu plus de visites académiques qu'il n'en a fait.

Jules Janin rêvait pour son tombeau un petit coin au Père-Lachaise, où ses amis eussent planté un saule, comme au tombeau d'Alfred de Musset ; mais madame Jules Janin aimait trop sa Normandie pour ne pas lui offrir les cendres de son mari. Jules Janin est donc enterré à Évreux, où sa tombe est bien solitaire. Là, pourtant, il a pour ami un jeune avocat de beaucoup d'éloquence, Léon Tyssandier, qui a commencé par écrire d'une plume vaillante plusieurs romans et beaucoup de portraits littéraires. Ce jeune avocat a d'ailleurs bien débuté dans la vie, puisqu'il a obtenu le prix Jules Janin, fondé à Évreux par madame Jules Janin.

Jules Janin aurait dû fonder à Paris le prix de la critique, puisqu'il fut le premier des critiques, selon Théophile Gautier et Saint-Victor, ces deux maîtres suprêmes.

III

UN LYS SUR DU FUMIER

I

Je n'avais pas dix-huit ans, quand j'écrivis mon premier roman. Voilà pourquoi je pris la plume :

En ce temps-là, il y avait un théâtre du Panthéon, dirigé par maître Eric Bernardt ; on y jouait le drame et le vaudeville. Un soir, le vaudeville et le drame n'appelant plus personne du dehors, on eut l'idée d'y montrer des bêtes curieuses. La première bête curieuse fut un ours savant nommé Kiouny ; la seconde bête curieuse ce fut Paganini : le grand violoniste n'avait pas trouvé mieux que cela dans tout Paris ; son triomphe fut rapide. Tout Paris vint au théâtre du Panthéon ; naturellement, moi qui jouais du violon, je fus un enthousiaste de tous les soirs, je devins même un ami du plus merveilleux des Orphées modernes.

Un soir, aux stalles de galerie, je me trouvai entre deux étranges créatures : une femme mûre dont les appas — style du temps — débordaient comme une averse, et une jeune fille toute fluette, d'une grâce idéale. On eût dit une création d'Angelico d'Afiesol, tant elle semblait envolée et envolante. Et jolie jusqu'à la beauté : yeux bleus, sous des cils noirs, une bouche dont on buvait le sourire, tout un paradis d'innocence et de candeur. On dit souvent : « Telle fille, telle mère. » Or, c'était la fille de la femme-futaille. J'aurais, volontiers, demandé à voir le père. Il n'y avait pas de père ou il y en avait trop.

Je tentai quelque vague causerie avec la demoiselle, mais elle était renfermée dans sa vertu comme dans un oratoire. « Voyez-vous, me dit la mère, elle n'est pas de ce monde. Aussi j'ai bien envie de la remettre au couvent. »

J'étais de plus en plus surpris. — « Au couvent, qu'est-ce qu'elle ira faire là ? — Comme les autres, adorer Dieu. — Ce n'est pas la peine d'aller au couvent pour adorer Dieu. Ainsi, moi qui vous parle, j'adore Dieu en adorant votre fille. — Vous pourriez bien dire votre demoiselle. — Votre demoiselle si vous voulez. » — Ici, un air de violon. — « Ce Paganini ne ressemble-t-il pas au diable lui-même ? Il vous transporte au ciel, dit la jeune fille. »

A cet instant, Paganini jouait le *Réveil des Anges*, un hymne qu'il avait arrangé d'après Palestrina. C'était divin. La jeune fille pleura. Je ne pouvais croire que ce fût la fille de ma voisine. « — C'est votre fille adoptive, madame ? — C'est ma fille naturelle, monsieur. Aussi, j'en suis fière. » Je remarquai alors que la mère elle-même, transportée par le violon de Paganini, avait de beaux yeux bleus, sous des cils noirs ; pourquoi la chair l'avait-elle envahie pour la défigurer ? Je lui demandai si elle destinait sa fille à la musique : « — Monsieur, je destine Léonie au mariage. » J'étais si émerveillé de la beauté de Léonie, qu'un peu plus je demandais sa main. « — Madame, est-ce qu'il serait indiscret de me présenter chez vous ? — Pas du tout, monsieur, je ne suis pas une sauvage, Dieu merci. — Eh bien ! madame, j'irai vous voir un de ces matins. » Tout en parlant, je regardai mademoiselle Léonie. Autre air de violon.

Après la fin du spectacle, je saluai ces dames et je les suivis à distance respectueuse. Le lendemain, tout en me demandant à quoi bon, je me présentai rue du Four, numéro 3, chez madame Dusol. J'entrai dans un horrible taudis. Mon premier regard fut pour Léonie, qui feuilletait un livre de messe devant la fenêtre. « Bonjour, mademoiselle. » Elle ne me répondit pas et continua à feuilleter le livre. Alors, la mère lui dit : « — Léonie, va-t'en chez la voisine. — Oh ! madame, dis-je, il n'y a pas de mystère entre nous, cette jeune fille peut entendre ce que j'ai à dire. » Un clignement d'yeux m'avertit que la mère voulait être seule avec moi. Léonie s'était levée. Elle cueillit une primevère sur le petit balcon de la fenêtre, elle la respira et sortit sans même m'avoir regardé. « Vous comprenez, reprit la mère, que j'ai trop bien élevé ma fille pour la perdre, et que je suis trop fière pour rougir devant elle. »

Je ne devinais pas, mais madame Dusol me fit comprendre bien vite en me dévoilant son sein volumineux. Il y eut de l'épouvante dans ma surprise. Etait-il possible que cette mère et cette fille vécussent sous le même toit ! « Madame, je vois bien que je me suis trompé de porte. Je vous avoue que je suis amoureux

4.

de votre fille, mais c'est tout. — Et vous vous figuriez, mon cher monsieur, que vous alliez dénicher l'oiseau bleu dans son nid ! Vous n'avez pas assez de foin dans vos bottes. »

Je saluai la dame qui parut tout étonnée comme le fut madame Putiphar. Et encore je ne laissai pas mon manteau.

Je ne pensais guère remonter cet escalier en casse-cou. J'étais furieux contre moi. Comment n'avais-je pas deviné au premier abord cette coquine qui croyait bien élever sa fille dans une telle atmosphère ! Voulait-elle se donner un air d'innocence par le reflet de cette étrange créature qui lisait les évangiles et qui cultivait des fleurs sur la fenêtre ?

Or, cet escalier honteux, je devais pourtant le monter encore. A peine dans la rue, je me sentis pris au cœur, pris à l'âme par un amour qui me donnait la fièvre. Je me retournai pour voir la petite fenêtre du quatrième étage où mademoiselle Léonie avait son jardin. Déjà sa mère l'avait rappelée, car je la revis qui arrosait ses primevères. Délicieux tableau, sous un rayon de soleil d'avril.

Mon ami Edouard l'Hôte vint à passer : « — Que diable fais-tu là, planté comme un point d'admiration ? — J'admire le paysage. Vois-tu là-haut ce jardin babylonien ? »

Quelques primevères tombèrent dans la rue. Je courus les ramasser. « — Quoi ! reprit mon ami, c'est si sérieux que cela ? Mais tu ne vois donc pas que c'est une horrible maison où il ne perche que des filles ? — Oui, je vois ça ; mais vois-tu, c'est un ange qui est à la fenêtre. »

Je ne fis pas de façons pour conter mon aventure ! « — Tu ne juges donc pas que cette fillette n'est là que pour les attrape-nigauds. — Ceci ne l'empêche pas d'être la plus jolie créature du monde. » J'étais sérieusement pris, pris à ce point que le soir même, je remontais les quatre étages sans savoir pourquoi. Je fus bien inspiré, car cette fois je trouvai la fille sans la mère. Elle voulut me fermer la porte. « — Je n'ai qu'un mot à vous dire, mademoiselle. — Monsieur, je ne veux rien entendre, passez votre chemin. »

Mais j'étais entré dans la chambre. « Mademoiselle, je vous aime follement, votre beauté me va au cœur. Voulez-vous vous promener avec moi ? — Jamais, monsieur. »

Elle me montra la porte. « — Mademoiselle, je vous aime, je vous aime, je vous aime. — Et moi, je ne vous aime pas. — Expliquez-moi ce mystère. Pourquoi êtes-vous ici ? — Parce que je suis venue pour voir ma mère. » Je voulus saisir la main de Léonie ; mais d'un air hautain elle me dit encore : « — Sortez, monsieur. — Oui, je sortirai avec vous ; je ne vous demande qu'une grâce, c'est que vous ne restiez pas ici plus longtemps. — Pourquoi, monsieur ? — Parce qu'il n'y a pas ici d'air respirable pour vous. Tenez, je ne comprends pas que les fleurs de votre fenêtre ne soient pas flétries. — Et où me conduiriez-vous, monsieur ? — Partout ; chez moi. — Vous m'offensez. » De belles larmes noyèrent les yeux de la jeune fille. « — Mais enfin, si un prince des contes de fées voulait vous enlever, que feriez-vous? — Je courrais me cacher au couvent. Je n'ai qu'un seul ami et une seule amie : c'est Jésus et la sainte Vierge, et je n'écouterai jamais que ceux-là. — Ce sont de très beaux sentiments; mais si vous n'êtes pas religieuse, que ferez-vous ? — Ce que je ferai !... »

Léonie me regarda avec les yeux d'un ange :
« Ce que je ferai... »

II

Ce fut alors qu'une de ses amies entra dans la chambre. « Allons, dit la nouvelle venue, voilà encore Léonie qui pleure. Ma « pauvre amie, es-tu assez entêtée. » Cette fille me regarda d'un air effronté. « Jugez, monsieur ;

je lui ai offert toutes les occasions de faire comme moi. Croyez-vous que je ne suis pas plus heureuse avec mon étudiant que si j'étais retournée avec Léonie chez les sœurs? On peut bien aimer Dieu sans être une sainte. Aimer un homme, est-ce donc un crime? »

Léonie était silencieuse et indignée. L'autre continua : « Figurez-vous, monsieur, qu'on lui a offert un homme très bien qui lui donnait cent louis comme entrée de jeu et qu'elle a craché dessus. » Léonie reprit la parole. « — On m'offrirait le Pérou que je passerais à côté. — Oui, oui, je connais ça, tu passerais à côté de la fortune ; mais un beau matin, tu te donneras pour rien parce que tu aimeras un perruquier ou un soldat. — J'aimerai ma mère et Dieu », répondit Léonie. Elle prit à son cœur une petite croix d'argent et elle se signa avec les marques de la plus austère piété. Son amie lui dit qu'avec tous ces beaux sentiments elle irait mourir à l'hôpital. « — Non, murmura-t-elle. — Alors, que feras-tu ? — Quand j'en aurai assez, j'embrasserai ma mère et j'irai me jeter à la Seine. »

III

Quelques jours après, je rencontrai cette fille que j'avais vue venir chez Léonie en l'absence de sa mère.

— Eh bien ! mademoiselle, votre belle et blanche amie est toujours un ange.

— Je crois bien ; hier encore je lui ai proposé cinq louis, oui, cinq pièces d'or pour être d'un souper où il y aurait des hommes très bien et des femmes à falbalas. J'ai eu beau la prier, c'était un roc de glace. Ceci ne nous a pas empêchés de souper gaiement et nous recommencerons ce soir. Vous comprenez, monsieur, c'est une invitation à la valse.

Puisque Léonie avait refusé, je refusai moi-même et je pris l'adresse de cette drôlesse, ne désespérant pas de rencontrer Léonie chez elle.

Très peu de temps après, on se demandait pourquoi, dans les gazettes, une demoiselle Dusol, belle fille de dix-huit ans, demeurant chez sa mère, rue du Four, s'était jetée à l'eau. Tout le monde alla voir à la morgue ce beau corps virginal, sans percer le mystère de sa mort.

Je n'étais pas en ce temps-là un élégiaque, mais en voyant tant de vertu sous le linceul, quand Léonie était si digne de revêtir la robe blanche d'une mariée, je sentis deux larmes tomber de mes yeux.

Ç'a été une des admirations de ma vie, cette vertu inattaquable, ce lys rarissime répandant un parfum de paradis sur l'odieux fumier de la courtisane.

Ce fut sous le coup de cette émotion que j'écrivis le premier mauvais roman qui a pour titre *De Profundis*, sur la couverture duquel il faut écrire *Requiescat in pace.* J'eus d'ailleurs le bon esprit de ne le point signer.

Et dire que ce livre, d'un romantisme affolé, atteint toujours le chiffre de cent francs en vente publique !

IV

ÉDOUARD THIERRY

Dans notre atelier de la rue du Doyenné, abrité par les murailles du Louvre inachevé, atelier qui était la pièce principale de notre bohème, j'avais dessiné la géographie des poètes romantiques. En ce temps-là, voici les rues habitées par les mousquetaires chevelus.

D'abord, c'était la rue du Doyenné le point central. Nous demeurions là, Camille Rogier, encore vivant à cette heure ; Gérard de Nerval, qui a publié un livre sur nous tous, la *Bohème galante;* Théophile Gautier, le maître incomparable. Tout en demeurant là, nous nous égarions quelquefois une semaine entière sans dire où nous étions. Le pauvre Gérard de Nerval courait déjà les dessous de Paris. Nos amis, les bohémiens du dehors, semblaient jouer aux quatre coins : Karr demeurait au huitième étage, rue Vivienne ; Edouard Thierry, quai des Raisins, vis-à-vis l'île Saint-Louis ; quai d'Anjou, demeurait Roger de Beauvoir. Tout à côté, rue du Puits-qui-Parle, c'était Esquiros ; Victor Hugo, place Royale ; Léon Gozlan, rue Bleue ; Méry, à l'Observatoire ; Jules Janin, rue de Vaugirard ; Jules Sandeau et George Sand demeuraient au même numéro, rue du Bac, sans vouloir se rencontrer ; Pétrus Borel, route d'Asnières, avec son terre-neuve et sa dame blanche ; Edouard Ourliac, il ne savait où lui-même ; Gavarni, çà et là ; Sainte-Beuve, rue du Montparnasse ; Alfred de Musset, rue de Grenelle, à la fontaine de Bouchardon.

La carte géographique était ornementée de

nos figures plus ou moins souriantes, mais parmi elles celle d'Edouard Thierry ne riait pas. On se demandait si cet esprit charmant avait jamais ri. On disait : « A sa mort, on l'habillera d'une robe de jésuite pour aller à sa dernière demeure. »

Comme on le raillait sur sa religiosité : « Prenez garde, dit Théophile Gautier, c'est le Sage au milieu des fous ! Est-ce donc une déchéance de croire à Dieu et au Fils de Dieu ? »

Et là-dessus on bataillait sur la foi et sur l'athéisme. Un jour, Edouard Ourliac, qui avait signé l'*Archevêque et la protestante*, prit aussi, à notre grande surprise, la défense du jésuitisme. C'est qu'il avait dîné la veille avec Louis Veuillot. Le grand prêcheur en a conduit bien d'autres au chemin de Damas.

Ce qu'il y avait de singulier en Edouard Thierry, c'est qu'il aimait presque du même amour l'Église et le Théâtre ; aussi fut-il au comble de ses vœux quand il devint directeur du Théâtre-Français. Sa première visite ne fut pas au portrait de Molière. Au lieu d'entrer à la Comédie, il alla à Saint-Roch. Il y trouva, d'ailleurs, un de ses dieux, le poète de *Polyeucte*.

Comment devint-il directeur du Théâtre-Français, lui qui n'a jamais rien demandé, lui qui n'a jamais mis le pied dans le monde ?

Voici comment :

De 1832 à 1859, il écrivit le feuilleton de théâtre dans cinq ou six journaux. Ses feuilletons avaient frappé tous les amis du théâtre, tant ils étaient écrits par une plume savante ; mais le feuilletoniste ne sauvait pas les journaux, puisque ces journaux mouraient l'un après l'autre : la *Revue du Théâtre*, la *Charte de 1830*, le *Messager des Chambres*, la *France littéraire*, le *Moniteur du soir*, la *Chronique*, le *Conservateur*, le *Monde musical*, l'*Assemblée nationale*, la *Vérité*.

Qu'importe, la renommée de critique impeccable lui resta. Il eut, dans la *Charte de 1830*, un journal qui fit quelque bruit, la bonne fortune de défendre, à lui tout seul, une comédie qui fit beaucoup de bruit, mais qui fut sifflée. C'était l'*École du monde* du comte Walewski, un des plus beaux échecs du Théâtre-Français. Pourquoi avait-on joué la pièce ? Parce qu'elle était d'un fils de Napoléon. Grâce à l'article d'Édouard Thierry, on siffla les siffleurs et on donna encore quelques représentations de l'*École du monde*. Walewski, touché au cœur, alla remercier le critique et lui dit que, le cas échéant, il pourrait compter sur lui.

Peu de temps après, le comte retourna chez le journaliste : « Mon cher ami, je veux vous prouver combien je vous aime. Ma carrière diplomatique m'empêche d'être tuteur d'un enfant que mademoiselle Rachel vient de mettre au monde ; j'ai pensé ne pouvoir trouver un meilleur tuteur que vous, qui avez autant de cœur que d'esprit. Ne vous inquiétez pas, d'ailleurs, de la tutelle, car la mère sera un ange pour ses enfants. »

Edouard Thierry ne fit pas de manières. Jamais un tuteur ne fut plus paternel à un enfant.

Vint le jour où le comte Walewski put payer en grand seigneur les bonnes grâces d'Edouard Thierry. M. Empis battait la campagne, il fallait le remplacer. Achille Fould, avec qui j'avais été au plus mal, me vint voir un matin à Beaujon, où il voulait bâtir un hôtel. La démission d'Empis était officielle. Achille Fould me proposa de revenir au Théâtre-Français. A sa grande surprise, je refusai, en lui disant : « Il ne faut pas toujours faire la même chose. J'aime mieux rester inspecteur général des Beaux-Arts. »

Tout à propos, le jour même, le ministre avait à dîner Walewski. On parla du Théâtre-Français. Walewski, sans avoir consulté Edouard Thierry, demanda pour lui la direction. On reconnut qu'il avait tous les titres pour cette direction, lui qui connaissait le répertoire ancien comme le répertoire moderne. Il fut donc nommé dès le lendemain. Au théâtre, comme au ministère, on n'eut qu'à se louer de cette nomination. Edouard Thierry, lui-même, n'eut qu'à se louer des sociétaires. Le théâtre, d'ailleurs, allait tout seul après bien des jours orageux.

Edouard Thierry eut la main heureuse pour les pièces à mettre à la scène, mais un peu moins pour le choix des comédiens et surtout des comédiennes. On a eu tort de dire qu'il avait mis au répertoire tout Alfred de Musset, puisque c'est moi qui ai joué tous ces petits chefs-d'œuvre du grand poète. En sa vingtième année, Edouard Thierry a publié un volume de vers : les *Enfants et les Anges*, introuvable aujourd'hui. On sent l'influence tout hugolâtre dans ce précieux petit volume. Il faudrait relire la *Fête des Morts* et les *Pensées de la Nuit*. Baudelaire n'a-t-il pas puisé la plus large inspiration d'une de ses *Fleurs du Mal* dans ces deux strophes :

> Amis ! qui nous dira ce qu'on devient en terre ?
> L'homme fait-il de bon fumier ?
> Germe-t-il ? Dort-il bien dans le fond de sa bière ?
> Vaut-il même un chien au charnier ?
>
> Tu viendras là pourtant, toi, la belle ingénue,
> A qui la sueur coule au front !
> Beau morceau pour les vers, quand sur ta face nue
> Leurs corps gluants se vautreront.

Il publia ensuite en 1834 un volume de contes : *Sous les rideaux*. Ce titre était un peu risqué pour un écrivain si haut campé sur la morale, mais *Sous les rideaux* ne cachait rien de passionnel.

Une bonne amitié nous liait, Edouard Thierry et moi, depuis 1832. Ces temps derniers, j'avais rêvé d'appeler chez moi, pour un déjeuner en musique, mes chers contemporains, qui n'ont pas encore donné leur démission. J'invitai naturellement Edouard Thierry, qui, d'ailleurs, n'eût pas été le doyen de cette assemblée à barbes blanches. Voici la lettre toute charmante qu'il écrivit ; c'est, je crois, sa dernière lettre.

« Mon cher ami,

. . . .

» Mes doigts n'ont plus le sens du toucher et ne se réjouissent plus au contact de la plume. Hélas ! mon écriture illisible ne vous dissimulera rien de tout cela. Vous, au contraire, vous n'en êtes pas là, Dieu merci ! Je ne vous l'envie pas. Je vous admire. Je vois, je me figure voir votre plume se lancer, comme toujours, hardiment sur le papier ; elle y court, elle s'y joue, elle s'y trémousse, délicates projections qu'elle laisse se dessiner derrière elle. Vous êtes toujours notre Arsène Houssaye, toujours jeune, toujours aimable et toujours bon, dont le cœur est toujours le même, toujours ouvert, toujours s'offrant à l'amitié qui vit des souvenirs d'antan et qui peut en vivre parce qu'il en est riche, et qui les a toujours conservés, car il n'en a que d'affectueux, de généreux, et sans mélange d'aucune arrière-pensée. Soyez heureux, mon cher ami, cela vous est bien dû, vous qui avez toujours mis votre bonheur à faire celui de vos amis. Il y a de ces délicatesses de cœur que vous êtes seul à avoir, vous faites à vos amis des surprises touchantes. Ils ne se révoltent pas contre la loi naturelle des choses. Ils consentent à être oubliés, parce qu'ils s'oublient eux-mêmes. Eh bien ! non, ils ne sont pas oubliés, parce que vous êtes là, pour vous souvenir, sans y être sollicité que par la libéralité de votre cœur; c'est un doux appel que vous leur faites au delà de l'horizon. Si loin que vous soyez d'eux, ils entendent votre voix amie. Ils se sentent appelés. Ils se réveillent pour vous répondre. Vous voyez, je me réveille mal. Je me réveille pour un moment, qui sera court. C'est égal, il aura été doux : vous m'avez rendu un jour de ma jeunesse.

» Tout à vous !

» Tout du peu qui me reste de moi-même !

» Ed. Thierry. »

N'est-ce pas que, dans notre temps, on gardait les bonnes traditions !

V

MADAME ÉMILE DE GIRARDIN

PREMIÈRE DU NOM

I

Emile de Girardin a eu deux femmes légitimes. La première n'a enfanté que des œuvres littéraires. La seconde a mis au monde plusieurs enfants.

En ce temps-là, trois femmes dominaient Paris : la princesse Belgiojoso, George Sand, madame Delphine de Girardin. Plus d'une fois, je les ai vues toutes les trois se disputant les hommes de génie, les deux premières voulant réformer le monde, la troisième ne voulant dominer que l'esprit français.

Le premier ami de madame de Girardin fut Lamartine ; mais elle n'aima qu'Apollon.

> Vous avez la splendeur des astres et des roses ;
> Ce que dit votre bouche étincelle en vos yeux,

ainsi lui parlait Victor Hugo ; mais tous les poètes contemporains ne lui ont-ils pas ainsi parlé : Lamartine, Méry et Théo ? C'est qu'elle avait la beauté et le charme. C'est qu'elle était la poésie en action. Mais tout mourut avec elle quand Emile de Girardin eut mis une pierre sur son tombeau. Ce fut le ci-gît de la femme et de l'œuvre ; c'est vainement qu'on a tenté de faire survivre tout ce qu'elle a écrit en prose et en vers : temps perdu, esprit perdu, poésie perdue. Pourquoi ? C'est qu'on ne tient pas compte aux femmes de bien faire C'est qu'on a beau s'appeler la dixième Muse, c'est qu'on a beau écrire des tragédies et des comédies, des romans et des chroniques, on est emporté par le flot du Léthé, comme dirait un mythologue.

Il faut plus de génie à une femme qu'à un homme pour conquérir la renommée. Quand Sapho, Sévigné et Sand ont marqué leur place dans la poésie, dans l'esprit, dans le roman, l'opinion fut rebelle. C'est que l'opinion a toujours peur, comme Molière — ce maître de l'opinion — des précieuses ridicules et des femmes savantes.

Certes, madame de Girardin n'avait rien des figures fouettées de roses et d'épines par Molière; mais, si elle se fût contentée d'ouvrir, dans le Paris politique qu'elle a traversé, le plus beau des salons littéraires, elle qui était l'amie de Lamartine, de Victor Hugo, de Balzac et de toute la glorieuse pléiade, elle aurait à cette heure tout autant de renommée, sans qu'on lui reprochât ses taches d'encre et ses bas bleus. La beauté est faite pour sourire et non pour froncer le sourcil.

Avouons pourtant que *Cléopâtre,* *Lady Tartufe* et *La joie fait peur* sont des œuvres hors ligne, qu'il faut placer presque à la hauteur des meilleures choses du temps de madame de Girardin.

Madame de Girardin a connu l'amour, mais n'a pas connu la passion. Elle a recherché les aurores, elle a eu peur des coups de soleil. Un jour, un grand bruit a traversé le Paris mondain : on raconta un horrible drame. Que s'était-il passé? Un homme à la mode, on disait un dandy dans ce temps-là, s'était jeté aux pieds de la dixième Muse. Elle avait ri, mais l'amoureux ne riait pas, Elle se laissa prendre par le cœur, mais elle n'ouvrit point ses bras. Il se désespéra et se jeta dans toutes les folies : il courut les filles et le jeu : les filles pour qu'elle fût jalouse ; le jeu, croyant triompher par l'argent. Il perdit des deux côtés ; que dis-je? il perdit la tête. Il alla à Versailles chez madame Sophie Gay, il lui dit qu'il allait mourir pour sa fille. Dans son égarement il parla d'une dette d'honneur qu'il fallait payer le jour même. Madame Sophie Gay, qui avait passé par tous les drames de la passion, prit en pitié ce désespoir, parce que ce désespoir n'était pas joué. Elle envoya, le dirai-je? son dernier adorateur à sa fille en la priant d'accourir pour sauver un homme à la mer.

Madame de Girardin accourut sans bien savoir ce qu'elle faisait. On la supplia, on lui baisa les mains, mais elle ne pouvait sauver ni l'honneur ni la raison ; l'amoureux voulait fuir avec elle, elle voulut rester madame de Girardin.

Quand il vit que toutes ses prières étaient vaines, il se donna le luxe de se tuer sous ses yeux. Cet homme se fit justice par un coup de pistolet au cœur.

Madame de Girardin tomba agenouillée et souleva cette tête qui demeura belle et amoureuse jusque dans l'agonie. Ce fut alors que la porte s'ouvrit bruyamment ; un homme apparut, M. de Girardin :

— Vous l'aimez donc bien? cria-t-il à sa femme.

Elle se releva, digne, fière, superbe :

— Oui, monsieur, j'aime cet homme ; mais je ne l'aime que depuis qu'il est mort.

On eut toutes les peines du monde à prouver à Emile de Girardin que l'amoureux de sa femme n'avait jamais été pour elle qu'un amoureux.

Ils se séparèrent tout en demeurant porte à porte dans la même maison.

Emile de Girardin, qui a couru les steeple-chases, commença de courir les fêtes galantes.

Le ménage était resté sans enfant. Il fallut donc que Delphine pour se distraire eût un cercle de beaux esprits. Du reste, la déesse ne me semblait pas plus destinée à être mère qu'à être femme, excepté femme comme il faut, — et mère de ses œuvres. — Ah! comme elle les aimait, ces enfants jaillis de son cerveau ! Elle les a nourris du lait idéal jusqu'à ce qu'elle en mourût.

Et ils ne lui ont pas survécu longtemps, les ingrats ! On a accusé madame Emile de Girardin de s'être vengée de son mari. C'est une calomnie : elle m'a fait sa confession. Elle a flirté avec des gens de lettres à la mode, surtout avec Lamartine, Eugène Sue, Théophile Gautier, mais tout finissait par des strophes, tout n'était que chansons. Une seule fois, elle a égaré son cœur parmi les mondains.

On s'est tué pour elle, mais le sang n'a pas taché le marbre de la déesse. Quand elle m'a conté toutes ces histoires, elle était à deux pas de la mort ; j'ai senti qu'elle me disait toute la vérité. Il ne faut donc pas confondre madame de Girardin première du nom avec madame de Girardin seconde du nom ; la première ne fut pas femme, la seconde le fut trop. A chacun selon ses œuvres.

II

Quand madame de Girardin sentit l'heure fatale, elle se jeta éperdument dans le spiritisme, qui devint la politique de la maison ; elle fit tourner les tables et les têtes. Quoique je n'eusse point la foi, j'étais souvent assis à côté d'elle, donnant mon coup de pouce ; mais quelques-uns de ses amis avaient subi ses croyances : on vit des miracles. On évoqua Balzac, qui venait de mourir. Il daigna venir au milieu de ses anciens amis dire des choses de l'autre monde. Madame de Girardin était au septième ciel.

Le prince Napoléon dit tout à coup : « Puisque M. de Balzac conte de si belles choses, priez-le de compter mon argent. » Et il jeta sa bourse sur la table. Il se passa alors une chose extraordinaire : la table frappa autant de coups qu'il y avait de napoléons dans la bourse du prince.

Madame de Girardin était au huitième ciel : « Eh bien, sceptique, dit-elle au prince, dites encore qu'il n'y a ni Dieu ni miracles ! Si, après cela, vous doutez du spiritisme, je prends les vingt et un louis qui sont dans votre bourse pour les donner aux pauvres. — Eh bien, dit le prince Napoléon, donnez-les aux pauvres, avec le billet de mille francs. »

VI

L'AMOUR ET LA MORT

I

Ce fut une des plus attractives physionomies du Compiègne royal et impérial. Je veux parler ici de madame la baronne d'Atrepigny. On la voyait passer comme une déesse dans les jardins du château, suivie de tout un monde d'adorateurs.

Son fils fut un de mes meilleurs camarades de collège. Il ne fut pas plus mauvais écolier que moi. Nous pensions bien plus à Saint-Cyr qu'à la Sorbonne. C'était à qui de nous deux serait le moins couronné à la distribution des prix ; mais, tout gamins encore, nous savions l'art de la guerre ; il ne nous manquait qu'une moustache et une épée. Nous avions beau mal faire, notre professeur, Paul Clippé, nous aimait bien et nous sauvegardait des foudres du proviseur. Ce fut, pour nous, un grand chagrin quand nous nous séparâmes. Je ne fus qu'un instant soldat, tandis que d'Atrepigny s'engagea dans les hussards pour y jouer sérieusement le soldat. A chacune de ses promotions, nous nous sommes revus gaiement au bruit des bouchons du vin de Champagne. D'Atrepigny avait été surnommé le Diable-à-Quatre, au collège. Il garda ce surnom. Mais ce fut surtout dans les joyeuses compagnies qu'il jouait le jeu du diable. Il fut brave en Algérie ; il fut brave à Sébastopol, où il mérita les galons de colonel. Il les mérita plutôt deux fois qu'une. Mais ce ne sont pas les hauts faits de son épée que je veux rappeler. C'est une histoire de sa vie intime.

Ah! celui-là aurait pu dicter tous les jours quelques pages de romans après les manœuvres au polygone, ou plutôt la nuit quand il arrivait tout éveillé par le souvenir d'une aventure joyeuse. Ses camarades disaient qu'on aurait pu le nommer général pour ses hauts faits amoureux. C'est que monsieur le Diable-à-Quatre recommençait tous les jours la bataille dans chacune de ses garnisons.

Je vais conter une de ces histoires pendant son séjour à Lyon. Ce ne fut pas précisément à Notre-Dame-de-Fourvières que se passa la plus curieuse de ses aventures galantes. Ce fut dans une vieille maison du vieux Lyon. Il avait choisi là son pied-à-terre, parce que l'ameublement l'avait charmé. C'était du plus pur Louis XIII, grâce au goût artistique du propriétaire. Chaque étage de la maison mériterait une page, mais passons.

Le colonel d'Atrepigny, qui habitait le second étage, avait pour voisines, sur le même palier, deux jeunes filles qui travaillaient pour les fabriques de soie ; l'une était une réjouie, chantant toute la journée ; l'autre était une rêveuse et une pensive qui ne chantait jamais. Celle-ci ne courait pas les fêtes ; dès qu'elle avait une heure à perdre, c'était pour feuilleter les livres pieux, mais elle ne faisait pas étalage de ses aspirations religieuses. Tout attristée qu'elle fût, il y avait au coin de ses lèvres un vague sourire qui lui ouvrait tous les cœurs.

Camille était jolie dans son épanouissement ; Blanche était belle dans sa dignité presque glaciale. Camille s'empourprait et rayonnait dans ses robes, parce qu'elle aimait les couleurs voyantes ; Blanche aimait les couleurs éteintes comme si elle eût eu peur d'offenser sa vertu par des tons violents.

Dans la rue, tout le monde regardait la première, tandis que Blanche passait inaperçue, hormis pour les artistes et les rêveurs ; mais elle n'inspirait que le sentiment de l'idéal. Camille disait de sa sœur : « Voyez-vous, ma sœur, ce n'est pas une femme, c'est un revenant. Aussi va-t-elle souvent au cimetière, non seulement parce que ma mère est là, mais parce qu'elle se plaît dans le cimetière comme tant d'autres se plaisent dans un beau paysage. »

En effet, Blanche errait parmi les tombes, effeuillant des fleurs et disant une prière à Dieu pour le repos des âmes.

II

Le colonel dressa bien vite ses batteries vers Camille. Elle ne fit pas beaucoup de façons pour battre la campagne avec lui. Ils goûtèrent un amour rapide sans songer à faire des phrases. Après quoi d'Atrepigny se tourna de l'autre côté. Il comprenait qu'il y avait là plus qu'une femme. Il pénétrait dans l'âme de Blanche tout en admirant sa pâle beauté. Blanche ne put combattre ces premières escarmouches de l'amour que lui inspira le colonel. C'est qu'il était fort séduisant, ce coureur de femmes. Il savait comment on fait le siège d'une femme aimée, ou qu'on fait semblant d'aimer. Pour lui, il ne fit pas semblant d'aimer Blanche, il s'était pris soudainement à sa beauté poétique. Blanche prenait de plus en plus plaisir à causer avec lui. Elle avait beaucoup lu et elle pouvait suivre d'Atrepigny, quel que fût l'horizon. Tous les deux aimaient les arts, ils s'entendaient bien sur la beauté des chefs-d'œuvre. Blanche ne faisait pas de façons pour accompagner le colonel au musée de Lyon où ils étudiaient le sentiment des diverses écoles de peinture. Quand ils avaient passé deux heures au musée, la jeune fille disait toujours : « Je n'ai pas perdu ma journée. »

Elle avait raison, c'est par le sentiment de l'art que l'âme s'élève dans les régions surhumaines. L'admiration des chefs-d'œuvre ouvre toutes les fenêtres de l'âme.

Le colonel et Camille avaient si bien caché leur aventure amoureuse que Blanche, en véritable ingénue, croyait qu'il n'y avait là qu'une question de compliments ; d'ailleurs, Camille disait sans cesse : « Il sera malin celui qui aura raison de moi. » Ce qui achevait de tromper Blanche.

Mais, après avoir eu raison de Camille, il mit en œuvre toutes les ressources don-juanesques pour avoir raison de Blanche ; mais il se heurtait à une statue de marbre. Peut-être eût-il été plus écouté s'il se fût présenté comme un fiancé ; mais Blanche persistait à ne voir en lui qu'un camarade d'art et de littérature. Il lui était doux d'être avec lui dans quelques promenades ou dans quelques causeries au coin du feu, mais pas une seule fois il ne lui vint l'idée de voir en ce beau colonel un Don Juan.

L'illusion s'évanouit pourtant bien vite. Un matin que Jules d'Atrepigny la rencontra dans l'escalier, il la prit dans ses bras et l'embrassa sur les cheveux ; jusque-là il ne lui avait touché que la main. Elle s'échappa de ses bras toute rougissante et courut s'enfermer chez elle.

Il lui sembla que son âme venait de s'envoler. Le démon, à ses yeux, ne l'eût pas plus profanée. Elle crut en se regardant dans la glace que l'auréole virginale venait de tomber de son front. Avant ce baiser, elle s'était sentie dans une atmosphère de vertu et de candeur ; maintenant, elle sentait le souffle démoniaque.

Le colonel vint la surprendre dans ses tristesses. Elle aurait voulu lui fermer la porte, mais il était trop tard. Il la supplia de lui pardonner ce qu'il appelait un enfantillage.

La pauvre Blanche pardonna, croyant que Jules d'Atrepigny ne se risquerait plus, puisqu'il paraissait désolé de ses larmes.

Cependant le mal était fait. Cette pauvre fille, qui avait bravé l'amour, était presque déjà dominée par la passion. Le colonel jura qu'il ne l'offenserait plus. Et il était de bonne foi.

Ce serait pour lui une amie charmante, rien de plus. Ils continueraient leurs causeries plus ou moins savantes comme deux bons amis et non comme un homme et une femme. Ainsi vont les passions. Ce fut Blanche qui attisa le feu. Elle mourait d'ennui quand elle était deux jours sans voir le colonel. Il devina pourtant qu'il était aimé. Un jour, il se hasarda à baiser encore les beaux cheveux de Blanche. Elle jugea que c'était un frère qui embrassait sa sœur. Peu à peu, l'intimité s'imposa. Jules d'Atrepigny voulut faire comprendre à Blanche que le ciel sur la terre, c'était l'amour de deux amants, et que Dieu lui-même, par toutes les forces de la nature, voulait qu'il en soit ainsi. Blanche parla d'un mariage possible. Jules d'Atrepigny dit que l'heure n'était pas venue de parler de ces choses-là ; que, pour lui, d'ailleurs, il voulait tout avant le mariage. On se fâcha un peu. Pendant huit jours, on ne se revit pas. Blanche pleurait.

Le colonel s'attardait ailleurs, ne voulant pas perdre son temps. Quand on se revit, Blanche avoua qu'elle n'avait jamais tant souffert que pendant cette absence.

— Vous êtes ma vie, dit-elle à son amoureux.

— Eh bien ! répondit-il, soyez la mienne.

Il lui reprocha de n'être pas une femme comme les autres.

— Comment sont-elles, les autres ?

— Oh ! c'est bien simple. Je vais vous raconter ce qui m'est arrivé, hier.

Et le colonel, encore grisé par le souvenir de la veille, osa dire ceci :

III

— Nous dînions en gaie compagnie. On m'avait placé auprès d'une belle créature très évaporée, mais très montante. J'avoue que, pendant une heure, elle me fit oublier cette angélique figure qui est la vôtre et qui me passionne jusqu'au septième ciel. La dame jouait de toutes ses coquetteries. Je lui dis :

— Je vous connais, vous autres, les belles de jour, et sans doute les belles de nuit. Vous promettez par vos yeux, par vos paroles, par toutes vos séductions, de faire le bonheur de vos amoureux ; mais vos promesses ne sont que des chimères.

— Moi, me répondit-elle, je ne promets jamais rien, mais ceux qui se laissent prendre par mon magnétisme ou mon attraction ne perdent pas leur temps, s'ils sont vaillants comme vous et s'ils prennent la citadelle tout d'un coup au lieu de faire un siège en règle, car je n'aime que l'imprévu et l'impossible.

— Eh bien ! Madame, donnez-moi des gages.

— Mon cher voisin de table, venez me voir demain chez moi, entre onze heures et minuit.

Je croyais que la belle se moquait de moi. Quelle que fût ma passion pour vous qui m'avez cloué à vos pieds, j'allai le lendemain voir la dame entre onze heures et minuit. J'avoue que je ne revins pas de ma surprise quand une femme de chambre me fit entrer tout simplement dans la chambre à coucher de la dame. Vous devinez ?

Blanche se cacha la figure dans les mains.

— Vous le dirai-je? continua le colonel, elle m'attendait dans son lit comme une jeune mariée. Voilà ce que j'appelle une vraie femme !

Blanche murmura d'une voix éteinte :

— Vous appelez cela une vraie femme !

Blanche fit comprendre au colonel par son haut dédain qu'il l'avait blessée dans sa dignité virginale. Un éclair traversa son front, et elle prit une attitude plus vaillante pour lui dire :

— Moi aussi je suis une vraie femme ; vous me trouverez à minuit dans mon lit, comme une jeune mariée.

Blanche prit la main du colonel et le conduisit à la porte de sa chambre. Tout en se défendant de ses caresses, elle lui remit la clé.

— Eh bien ! dit-il en partant, à minuit !

— Oui, à minuit.

En descendant l'escalier, il pensa que, décidément, toutes les femmes étaient la même. Il fallait savoir frapper à l'heure psychologique.

Certes, il ne fut pas en retard. Bien avant minuit, il entr'ouvrit la porte. La chambre était éclairée par quatre bougies. Son premier mot, en s'approchant du lit, fut celui-ci :

— Ma chère Blanche, comme vous êtes pâle !

Il fit un pas de plus et poussa un cri d'épouvante.

Celle qui était dans le lit était une morte.

Cette Blanche adorée, déjà toute en Dieu depuis longtemps, avait voulu prouver à celui qu'elle aimait du plus divin amour que toutes les femmes ne sont pas la même.

IV

Longtemps après, au Château des Fleurs, j'ai revu Jules d'Atrepigny. Ce fut là qu'il me rappela cette tragique aventure dont le souvenir lui donnait encore la fièvre, car en ce Don Juan de garnison un vrai cœur battait.

Ce soir là, après avoir brûlé quelques cigarettes, il fit signe à la célèbre Louise la Blanchisseuse, qui venait de valser. Elle vint et embrassa d'Atrepigny.

— Voilà un homme, dit-elle avec admiration.

— Tu vois, me dit-il, je ne m'endors pas longtemps sur le même sujet. J'aime à me distraire ; un clou chasse l'autre.

La vérité, c'est qu'il cherchait toujours à oublier. Voilà pourquoi il fut pour huit jours le « Monsieur » de cette créature qui eut son heure de célébrité par sa beauté et sa verve endiablée.

— J'ai toujours étudié les femmes les plus opposées, reprit le colonel.

— Ce n'est pas vrai, lui dis-je, tu les as trop aimées pour les étudier.

— Oui, trop aimées, hormis cette adorable Blanche que je n'ai pas comprise. Après tout, les femmes valent mieux que les hommes.

VII

VANITÉ DES VANITÉS !

COMMENT JE FUS DÉCORÉ

I

Pendant tout un siècle après sa mort, selon la volonté du marquis de Villette, l'appartement de Voltaire devait rester inhabité par respect pour le grand philosophe, mais on ne respecta pas la volonté du marquis de Villette, histoire éternelle de ceux qui ne sont plus là.

C'est pourquoi, en 1845, je devins locataire de l'appartement de Voltaire, quai de Voltaire, au coin de la rue de Beaune.

Le *Charivari* jugea qu'il fallait que je fusse bien bête pour oser écrire une ligne dans le grand salon où l'on voyait encore le trône idéal de l'esprit humain.

Oui, j'osai être assez bête pour cela. J'osai même y écrire un livre qui fit du bruit : *Le Roi Voltaire*, et le succès du livre me donna raison.

Louis-Philippe, qui aimait beaucoup Voltaire, fut surpris, un soir, de voir en passant l'appartement de Voltaire tout illuminé comme pour une fête.

— Qui donc habite là ? demanda le roi-citoyen.

— Un chasseur de rimes, répondit Antoine de la Tour, secrétaire des commandements du duc de Montpensier.

Quelques jours après, je rencontrai Antoine de la Tour, ce poète de cour. Il me demanda si je serais content de voisiner avec le roi sans passer par la solennité des audiences.

— Je serai très heureux de saluer le roi-citoyen, répondis-je.

Je n'y songeais déjà plus, quand, un matin, Antoine de la Tour me fit signe. Une demi-heure après, il me présentait au roi.

Je n'ai jamais vu un homme plus simple et plus charmant que Louis-Philippe. Il commença par me dire qu'il aimerait bien mieux habiter l'appartement de son ami Voltaire que le grand palais des Tuileries, qui était à tout le monde, excepté à lui-même. Ensuite, il me fit l'éloge de mes *Portraits du dix-huitième siècle*, ce qui me renversa.

— Comment Votre Majesté a-t-elle pu trouver une heure pour feuilleter mon livre ?

— Monsieur, ce sont les bonnes fortunes du hasard. Votre livre m'est tombé sous la main. Je l'ai feuilleté plutôt que lu, mais j'ai senti que vous aviez vécu dans le temps passé. Quand M. de la Tour m'a dit votre nom, je croyais voir une barbe blanche. Je suis sûr que vous avez connu mon aïeul Philippe d'Orléans. Vous l'avez compris et vous l'avez apprécié.

— Oui, Sire, ce fut un interrègne hardi et fécond que la régence de votre aïeul ; s'il eût vécu et s'il eût régné, il eût mis en œuvre pacifiquement toutes les idées qui ont éclaté comme la foudre dans la Révolution ; son histoire n'est pas encore faite, mais celui qui l'écrira fera un beau livre, où le monde nouveau se lèvera sur le monde ancien.

— Oui, oui, dit le roi, ç'a été un grand cri de joie en France quand le régent donna un coup de pied dans l'édifice de madame de Maintenon, du père Letellier et des bâtards. Il fallait que le testament de Louis XIV fût déchiré, il fallait que la France respirât. Par malheur, Philippe d'Orléans se heurta au cardinal Dubois et à Law.

— Law, sire, il n'en faut pas dire trop de mal, car sa ruine fut féconde.

— Oui, mais il eût mieux valu que le régent se fût appuyé sur un Sully.

— Ce Sully serait venu, sire, si le régent était devenu roi de France comme le voulait la France. Ce sont les bons rois qui font les bons ministres.

Le roi sourit :

— Ce sont peut-être les bons ministres qui font les bons rois.

Nous en étions là quand, par malheur, un personnage haut de taille vint pour parler à Louis-Philippe. C'était un important et un importun des Tuileries. D'un geste, le roi le cloua à distance. J'eus peur d'être indiscret, je me levai.

— Que puis-je faire pour vous être agréable? me demanda le roi-citoyen.

— Rien du tout, sire.

— Comment, rien du tout ?

— Oui, mon ambition était de voir le roi.

— Ah ! le roi n'est plus le roi ! Auguste était maître de lui comme de l'univers ; je suis maître de moi parce que je suis un sage, mais c'est tout. Louis XIV disait : « L'Etat, c'est moi. » Je suis forcé de dire : « L'Etat, c'est tout le monde. » Au train dont vont les choses, la France n'aura plus dans cent ans, comme l'Égypte, que des momies de rois.

Louis-Philippe eut un accent de tristesse :

— Dieu sait si je suis un homme de bonne volonté ; vous voyez comme les journaux m'accusent. Si mes ministres font bien, ils ne sont inspirés que par eux-mêmes ; s'ils font mal, c'est moi qui les inspire.

— Sire, ne vous inquiétez pas des clameurs politiques, ce sont les vagues de la mer ; mais ceux qui écrivent l'histoire vous rendront justice.

— Jamais ! Ceux qui écrivent l'histoire aujourd'hui, c'est M. Thiers, c'est M. Lamartine : ils ne m'aiment pas. Ils font cause commune avec les brouillons et les rêveurs. Enfin, quand les beaux parleurs de la tribune assemblent trop de nuages autour de moi, je vais me consoler au musée de Versailles avec mes amis de tous les siècles.

Je ne perdis pas l'occasion de louer le roi sur la création de ce musée.

— Voilà, sire, lui dis-je, la meilleure bibliothèque pour les historiens.

— C'est mon opinion, monsieur, toute l'histoire de France est là.

— Eh bien! sire, on y trouve quelques belles pages sur vous signées Ingres, Delacroix, Horace Vernet, Ary Scheffer.

La figure du roi s'éclaira.

— Adieu, mon cher voisin, me dit-il.

Et il ajouta :

— Bien des choses à M. de Voltaire.

Et me donnant la main :

— Quand vous voudrez, nous continuerons cette leçon d'histoire.

— Sire, je serai trop heureux de retrouver un maître tel que vous.

Je m'en allai très content de n'avoir rien demandé à un si brave homme. Le soir, je dînais au Café de Paris avec Malitourne, Véron et Roqueplan. Véron qui savait tout, grâce à son journal, dit tout haut: « Les blonds sont des ambitieux. Houssaye va nous dire ce qu'il est allé demander au roi ce matin. » Je répondis que j'étais allé demander un bureau de tabac. « Comme il cache son jeu ! » s'écria Malitourne. On ne voulut jamais croire que j'étais allé voir le roi pour voir le roi.

Naturellement, je n'allais pas crier pardessus les toits des Tuileries que le roi-citoyen avait eu la parfaite bonne grâce de me recevoir en voisin. Ce fut Louis-Philipe lui-même qui parla de ma visite, disant à qui voulait l'entendre que j'étais le premier qui ne lui eût rien demandé, malgré ses avances.

— Comment ! me dit Roqueplan, tu as vu le roi qui a été bon diable pour toi, et tu ne lui as rien demandé?

— C'est vrai, j'ai été par trop bête, car je pouvais lui demander la croix pour toi.

II

J'avais eu la bonne fortune d'être compris parmi les convives des déjeuners du dimanche que le duc de Montpensier donnait au château de Vincennes. M. de Salvandy était alors ministre de l'instruction publique. Dans sa bonne grâce, toujours en éveil, il dit au jeune duc, en me souriant, qu'il lui avait donné un très gentil voisin de table. Le ministre voulut bien souligner un mot de moi. Ce mot vaut-il la peine d'être rappelé? M. de Salvandy se plaignait tout haut d'être surmené dans son ministère :

— Des audiences, encore des audiences, toujours des audiences, c'est à en perdre la tête, et je ne dors plus.

— Heureusement pour vous, lui dis-je, vous présidez souvent le conseil de l'Université.

Le ministre sourit.

A la chute du ministère dont était M. de Salvandy, je le rencontrai dans l'escalier des Tuileries où j'allais voir le duc de Montpensier. Salvandy me tendit la main et je lui dis :

— Bonjour, mon cher ministre.

— A la bonne heure, me répondit-il, vous faites comme le roi, vous me dites : mon cher ministre, bien que je ne le sois plus depuis un mois.

— C'est peut-être pour vous refaire ministre que le roi vous a appelé ?

— Pas le moins du monde, mais Sa Majesté veut bien me demander mes idées chaque fois qu'il y a conseil de ministres.

Salvandy me parlait ainsi parce qu'il savait bien que j'étais son ami.

Le roi ne pouvait trouver un meilleur conseiller en toutes choses. Son prédécesseur, M. Villemain, avait horreur des gens de lettres. Quand M. de Salvandy lui succéda, il les décora par dizaines, lui qui les aimait. Il avait fallu que ce galant homme passât au ministère pour que Balzac, Eugène Sue, Alfred de Musset, Léon Gozlan, Alphonse Karr, Jules Sandau, Jules Simon et quelques autres, devinssent chevaliers de la Légion d'honneur. J'eus moi-même la bonne fortune d'être sur cette première liste.

Cette confraternité du ministre n'empêcha pas les petits journaux d'aboyer après lui sous prétexte qu'il était pompeux et qu'il avait écrit un roman quelconque sous ce titre : *Don Alonzo*. Au lieu de dire : « Allons-y gaiement », les plumitifs ne manquaient pas de dire : « Alonzo gaiement. » Et ils y allaient dans le plus beau des charivaris.

M. de Salvandy avait déjà donné ses preuves comme homme politique ; le Palais-Bourbon saluait en lui, depuis longtemps, un orateur de plus. A la Chambre des députés, comme à la Chambre des pairs, la supériorité des hommes de lettres sur les avocats frappait tout le monde. MM. Guizot, Lamartine, Thiers, Salvandy n'avaient pas besoin de parler haut pour parler avec éclat. Le discours de M. de Salvandy à la Chambre des pairs sur l'Université est un des plus beaux de ce temps-là.

III

Voici maintenant comment je fus promu officier de la Légion d'honneur.

Quatre ans après ma croix de chevalier, je fus proposé par M. de Persigny, ministre de l'Intérieur, pour la croix d'officier. Je suppliai Persigny de n'en rien faire alors, parce que c'était le lendemain de la grande soirée de la Comédie-Française et de l'Opéra en l'honneur du Président de la République. J'avais, pour cette fête, écrit une ode au futur empereur, que mademoiselle Rachel déclama avec son incomparable génie.

— Je ne veux pas que ma croix d'officier

ait un caractère politique, dis-je à Persigny ; je veux être promu officier pour mes œuvres littéraires ; j'attendrai.

J'attendis quatre années sans impatience. Ce fut le prince Napoléon qui me fit cette surprise. J'étais alors inspecteur général des Beaux-Arts.

On a beaucoup parlé sur les croix d'honneur ; on n'a pas dit un mot des croix de tous les pays qui, sous l'Empire, étoilaient les revers d'habit d'un grand nombre d'artistes, de poètes et de journalistes. J'ai été créé trois ou quatre fois commandeur : Russie, Espagne, Italie. Je ne parle pas des croix de chevalier Entre autres, l'empereur du Brésil, à qui je ressemblais à s'y méprendre, surtout quand il fut découronné, et qui, dans un dîner, dit un soir, en souriant : « Quand j'ai donné la croix à Arsène Houssaye, j'ai cru me décorer moi-même. »

En ce temps-là, la mode fut pour les croix, à ce point que Mirès eut l'idée fort ingénieuse de vouloir acheter l'île de Chypre et d'y créer une royauté : roi de Chypre et de Jérusalem, afin de pouvoir y instituer la Bourse des Croix, c'est-à-dire d'ouvrir boutique de croix de Chypre et de Jérusalem.

En pleine rue Richelieu, le célèbre financier me parlait un jour avec beaucoup de feu de cette idée, irréalisable d'ailleurs, quand une femme, bien connue alors, qui passait et écoutait aux portes, dit à Mirès : « Bravo ! Après cela, on n'a plus qu'à faire le signe de la croix. »

En 1869, le maréchal Vaillant, alors ministre des Beaux-Arts, me montra une liste qu'il allait présenter à l'empereur et où mon nom se trouvait parmi d'autres pour le grade de commandeur. Je lui serrai la main, mais il me dit d'un air attristé : « Sur cette liste, trois noms riment ensemble, Doucet, Houssaye, Rousset ; lequel sera sacrifié ? Car je ne veux pas qu'on fasse une chanson là-dessus. »

Oh ! la destinée des noms ! Si je m'étais appelé Tartempion, je serais commandeur !

L'année suivante, je fus inscrit sur la nouvelle liste; mais M. de Bismarck brouilla les cartes et je m'engageai comme un simple mortel dans la garde nationale, pendant que mon fils, Henry Houssaye, gagnait sur le champ de bataille la croix de chevalier.

VIII

LE SALON

DE

LA COMTESSE DE CASTELLANE

I

En ce temps-là, il y a près d'un demi-siècle, l'esprit de Paris était gouverné dans les salons par des femmes incomparables : la comtesse de Castellane, la princesse Mathilde, la comtesse Le Hon, madame de Girardin, mademoiselle Rachel, quelques autres, dignes de survivre dans le souvenir impérissable de la beauté dans l'art et de l'esprit avant la lettre. C'était un vrai plaisir de franchir le seuil de ces salons, toujours fermés aux non-valeurs, toujours ouverts aux grands artistes, aux grands poètes, aux grands mondains.

Les salons de la comtesse de Castellane étaient souvent transformés en théâtre. On jugeait qu'une vraie fée présidait là aux plaisirs des autres. La comtesse de Castellane avait conservé les traditions de ces grands seigneurs du dix-huitième siècle, qui ne faisaient jamais bâtir un château, ni un hôtel, sans s'inquiéter de la salle de spectacle. Le théâtre Castellane était un vrai théâtre, presque pareil au théâtre du Palais-Royal.

Chez la charmante comtesse, les comédies étaient représentées devant un parterre de grands seigneurs et de duchesses. Le 25 mars 1851, à la représentation de *la Comédie à la fenêtre*, il n'y eut pas moins de trois cents spectateurs, et quels spectateurs ! Louis XIV, quand il donnait la comédie à Versailles ou à Fontainebleau, n'avait pas assurément un meilleur public. En effet, on y remarquait les infants d'Espagne, la princesse Mathilde, le duc et la duchesse de Blacas, le prince de Broglie, le duc de Castries, la princesse de Chimay, le duc de Crillon, la duchesse de Grammont, le comte de Clermont-Tonnerre, le vicomte de la Tour-du-Pin, le duc et la duchesse de Doudeauville, le comte et la comtesse Sosthène de La Rochefoucauld, le duc de Fitz-James, la duchesse de Dino, le duc de Richelieu, le duc et la duchesse de Valentinois, le duc et la duchesse de Mortemart, le duc et la duchesse de Noailles, le comte et la comtesse Pozzo di Borgo, la comtesse de Sainte-Aldegonde, le marquis et la marquise de Jumilhac, le comte et la comtesse de Talleyrand, la baronne de Rothschild, le prince Poniatowski, le marquis de Barbentane, la duchesse de Vicence, le marquis de Fénelon, la marquise de Las-Marismas, le comte Apponi, la duchesse d'Istrie; et les hommes politiques et littéraires qui faisaient la pluie et le beau temps dans la France contemporaine : les deux Dumas, Victor Hugo, Alfred de Musset, Théophile Gautier, Jules Janin, le duc de Morny, le prince Murat, Edouard Houssaye, Albéric Second, Eugène Delacroix, Robert Fleury, Hébert, le prince Napoléon, Morny. N'oublions pas M. Auber, qui avait donné un joli motif pour l'orchestration invisible de *la Comédie à la fenêtre.*

Théophile Gautier a dit dans son feuilleton de *la Presse* du 28 mars 1851 :

« C'était, ce soir-là, une vraie première représentation, et non pas la représentation d'un proverbe fait pour être joué entre deux paravents : c'était une vraie comédie avec un vrai décor; vous allez en juger : *la Comédie à la fenêtre,* c'est le titre de la pièce. En effet, tout se passe à la fenêtre. Le théâtre représente une maison vue du dehors à l'étage du balcon et à l'étage des mansardes ; le balcon est divisé par un mur mitoyen bâti avec des rosiers et des orangers ; d'un côté du mur, il y a une dame ; de l'autre côté, il y a un monsieur. Comment peut-il en être autrement? Au-dessus de la dame, à une des fenêtres du toit, il y a un étudiant qui étudie sa voisine. A l'autre fenêtre, au-dessus du monsieur, il y a une jeune fille qui brode des manchettes et que je peindrai d'un seul mot, en disant qu'elle s'appelle Rosine.

» Quand la toile se lève, l'étudiant se penche au-dessus du balcon et cueille au mur mitoyen des roses avec une pincette. — Voilà, dit-il, mon bouquet pour Rosine.

» Et Rosine, en fille bien apprise, se montre à la fenêtre.

— » Ah! le beau soleil, comme cela réjouit le cœur : il me semble que le mien joue du violon!

» Exclamation de l'étudiant :

— » Qu'elle est jolie, avec ses cheveux en

révolte! Ma voisine, voulez-vous des roses?

» Les femmes prennent ce qu'on leur donne, et les femmes ne donnent que ce qu'on leur prend.

— » Qu'est-ce que vous répondez à mon billet doux?

» Je ne l'ai pas lu.

— » Cela ne vous dispense pas d'y répondre.

» Rassurez-vous, votre billet est bien placé, je l'ai mis là.

» Et Rosine indique délicatement son sein.

— » Alors, dit l'étudiant, c'est un billet sous seing-privé.

— » Vous n'êtes pas sérieux. Vous ne m'aimez pas.

— » Je vous aime comme les Normands aiment les procès et comme les sculpteurs aiment le marbre.

— » Et moi, je vous aime comme le vent aime les girouettes.

— » Je vous aime, Rosine ; mais, à votre

fenêtre, je ne vous vois qu'en buste, et je voudrais bien qu'il me fût permis d'aller fumer mon cigare à vos pieds. »

Voilà comment s'ouvre la première scène.

« Tout cela est très spirituel et très inattendu », dit Théophile Gautier.

Nous passons par-dessus toute la seconde partie, où la passion prend la place de l'esprit.

« Nous espérons, d'ailleurs, revoir bientôt, ajoute le critique, *la Comédie à la fenêtre*, car cette pièce appartient désormais au répertoire de l'esprit français ; mais où sera-t-elle jouée comme elle l'a été, au théâtre Castellane, par Brindeau et Got, mesdames Judith et Fix ? Quel meilleur éloge pour ces quatre charmants comédiens, que de citer leurs noms ! »

Ce rêve de Théophile Gautier ne fut pas réalisé. La représentation avait fait beaucoup de bruit. L'empereur me dit qu'il voulait voir jouer la pièce au Théâtre-Français, avec les mêmes acteurs. Je fis remarquer à l'empereur qu'étant directeur du Théâtre-Français, je ne pouvais pas y faire jouer une pièce de moi ; mais l'empereur insista à ce point que j'assemblai le comité de lecture qui décida tout d'une voix qu'il fallait jouer la pièce.

On peignit les décors. C'est alors que mes ennemis prirent la parole et me promirent une bordée de sifflets à chaque scène.

On sifflait beaucoup en ce temps-là. Les sifflets ne me faisaient pas peur, mais j'aurais été désolé que les acteurs en eussent leur part.

Pendant une période, ce fut un rude métier que celui d'apaiser le parterre en révolte, parce qu'on avait voulu supprimer la claque. Augier, Ponsard, Mérimée, Sandeau et plusieurs autres furent sifflés, témoin *Diane*, une belle comédie d'Augier et de Sandeau, qui tomba le premier soir sous les sifflets ; témoin aussi les *Entr'actes de la Comédie de Molière,* par Alexandre Dumas, et le *Carrosse du Saint-Sacrement*, de Mérimée. En un mot, il y avait des siffleurs à tout propos.

Brindeau et Maillart ne voulaient pas qu'on sifflât de belles choses; ils promirent de souffleter toute la série d'imbéciles qui voulaient faire la loi sur la première scène française, sifflant, de-ci, de-là, les comédiens comme les auteurs. C'est alors qu'un soir Brindeau administra une gifle, qui eut un grand retentissement, à un jeune chenapan chassé de la claque avec un de ses pareils. Ce soufflet calma les esprits rebelles.

Brindeau était quelquefois difficile à vivre. Un soir, il rencontre un chroniqueur au café de la Régence.

— Dis donc, gamin, on me dit que tu as mal parlé de moi dans une de tes feuilles de chou.

— Avec plaisir, dit le chroniqueur en riant.

Sur ce mot, Brindeau le soufflette.

— Avec plaisir, dit, à son tour, le comédien, éclatant de rire.

Le jeune journaliste raconta lui-même la scène dans le *Figaro*, comme si Brindeau lui eût ainsi donné un titre de noblesse.

II

Parmi les femmes qui se disputaient la couronne de la mode, il y eut alors une femme bruyamment spirituelle qui disait : « J'ai de l'esprit pour deux. » Cette femme, c'était la comtesse Le Hon ; elle avait de l'esprit pour elle et pour son mari, un petit ambassadeur qui laissait dire et qui laissait faire, mais qui n'était pas si bête que cela. L'ambassadrice, elle aussi, donnait la comédie dans ses salons, sans parler de la comédie intime. Son hôtel aux Champs-Élysées est encore debout, et il abrite toujours celui du duc de Morny, surnommé par antiphrase : « La niche à Fidèle. »

Ma première invitation chez la comtesse Le

Hon me fit autant de plaisir que ma stalle d'orchestre à la première représentation de *Lucrèce Borgia*. La comtesse était une grande metteuse en scène, avec l'amour du faste et du théâtre. Tout salon parisien est un théâtre. Seulement, il faut avoir ses acteurs et connaître son public; ne pas allumer les chandelles ni trop tôt, ni trop tard ; frapper les trois coups quand c'est l'heure ; ne pas donner trop souvent la même comédie; finir la représentation quand on s'amuse encore.

IX

M. DE LAMARTINE

I

L'homme est un dieu tombé qui se souvient des cieux.

Dans ce beau vers, Lamartine a mis toute sa philosophie spiritualiste. En ce drame inouï des destinées humaines qui semble écrit par Eschyle ou par Shakespeare, quelle merveilleuse entrée en scène ces grandes figures qui s'appellent Chateaubriand, Lamartine, Hugo, Lamennais, Dumas, Musset, Michelet, Ingres, Delacroix, Pradier, Rude ! C'était le renouvellement de la poésie et de l'art. Il ne resta debout des anciennes renommées que celles consacrées par le génie : Corneille, Molière, Racine et Voltaire, non pas le Voltaire des tragédies, mais le Voltaire qui avait créé la langue des idées.

Lamartine fut un maître souverain parce qu'il dora les âmes que l'athéisme révolutionnaire avait appauvries. On peut même dire qu'il refit les âmes d'une génération, en rouvrant les horizons d'un idéal religieux, créant ainsi une muse nouvelle : la Rêverie ; muse mélancolique, revêtue de la robe étoilée de la Nuit. Oui, celui-là refit les âmes à son image. Il était beau, de la beauté grecque et française. Loin de jeter des pierres au Ciel, comme tant de poètes de son temps, il élevait à Dieu le grand autel des inspirations chrétiennes.

On semble douter aujourd'hui de l'influence salutaire de Lamartine sur son temps. Comme le dieu Apollon, il promena partout le char du Soleil sur les cœurs nocturnes qui avaient désappris l'espérance. Les femmes surtout furent prises à ce magicien de la pensée.

Ce fut devers lui des adorations inouïes, les cœurs battaient à ses battements de cœur ; c'était plus qu'un poète : c'était un Messie. Les femmes romantiques s'épuisaient en œillades idolâtres, sa poésie avait le pouvoir d'élever toutes les âmes vers l'infini. On se consolait de la vie terre-à-terre par la vie supernaturelle. Chaque vers du poète nous emportait dans son vol ; aussi vivait-on bien moins chez soi que dans les astres. On ne songeait pas, comme aujourd'hui, à enfouir des trésors dans son intérieur, à faire un musée de sa maison, comme si on dût y vivre cent ans. L'ameublement lui-même faisait pitié à voir. On était à cent mille lieues de la chinoiserie et du japonisme. Ni tapis de Smyrne, ni tapisseries des Gobelins. A quoi bon, puisque l'esprit était toujours dehors ?

Ce fut la force du génie de Lamartine d'emporter ses contemporains dans les voyages aériens. C'étaient les vrais voyages à travers l'impossible. Aussi qui ne courait alors à la recherche de l'absolu ?

Lamartine a provoqué des admirations passionnées, des enthousiasmes inouïs. Dans les fêtes dominicales qu'il donnait en son hôtel de la rue de l'Université, on venait des cinq parties du monde lui apporter la myrthe et l'encens. On lui parlait comme à un Dieu, et il trouvait cela tout naturel, et parmi tous les assistants il ne se trouvait pas un seul sceptique pour protester par un sourire, tant c'était l'esprit du moment. Chez les lamartiniens et surtout chez les lamartiniennes, c'était à qui serait le plus exalté.

Combien de grands jours a eus Lamartine, en son règne d'un quart de siècle? On n'a pas oublié les ovations à son éloquence de tribun. Un grand jour, entre tous, fut celui où, comme Jésus apaisant les flots, il domina, par ses paroles d'or, cent mille hommes en révolte, après avoir dominé par la hauteur de sa politique les rois inquiets et menaçants. Un grand jour encore quand parut l'*Histoire des Girondins*, toute une *Iliade* que contresignerait Homère tant la noblesse des idées y est surélevée par le prestige du style.

On a cru le frapper par un mot : « prose poétique ». La justice eût été de dire que c'était la prose d'un poète.

Après les grands jours, les mauvais jours sont venus. On a dit que ce n'était plus un homme, quand il fut tombé du pouvoir. Il ne tomba pas. Il se retrouva Lamartine. Mais, en ce temps-là, quand on tombait du pouvoir, on tombait pauvre. Lamartine avait tout sacrifié à ses rêves humanitaires. Il ne retrouva rien de sa fortune passée. Ce ne fut pas Homère mendiant ; ce fut Lamartine, ne vivant que de sa plume, mais toujours fastueux, toujours faisant la part des pauvres.

II

La belle destinée de Lamartine l'abandonna à sa chute du pouvoir. Il perdit tout. Ses meilleurs amis se consolèrent, trouvant qu'il avait été jusque là trop heureux. L'homme est ainsi fait qu'il n'aime pas l'homme de génie s'il est heureux. C'est ce qui explique son adoration pour Molière trahi par sa femme, pour Corneille raccommodant ses chausses, pour La Fontaine pauvre recueilli par madame de la Sablière. Il s'éloigne déjà de Racine, parce que Racine est familier de la Cour ; il ne le plaint pas si l'ami de madame de Maintenon meurt d'un mauvais regard de Louis XIV. Il aime Homère mendiant, Shakespeare misérable, Camoëns mourant de faim et le Tasse mourant de folie. Il aime Voltaire exilé et Victor Hugo proscrit. Il aime Alfred de Musset se consolant de l'amour par les ivresses de l'esprit. Il aime Alexandre Dumas, ne refusant d'argent à personne, hormis à ses créanciers et à lui-même. Il aime André Chénier, qui meurt sur la guillotine ; mais il ne salue pas son frère, un autre grand poète, parce qu'il n'a pas été guillotiné. En un mot, il faut à tout homme de génie une légende de misère et de malheur. « Comment ! tu t'avises de faire un chef-d'œuvre avec un cœur content ? Tu t'avises d'être riche et gai en face de ton lecteur, qui te lit pour se consoler de n'avoir ni la gaieté ni l'argent ? Dépêche-toi de mourir de mort violente ou, tout au moins, d'aller à l'hôpital ! » Lamartine, mourant à la peine avec ses châteaux, n'a jamais pris que pour un jour le cœur du peuple : le 24 février, en allant à l'Hôtel de Ville ; mais, quand il en revint, son royaume politique n'était déjà plus de ce monde.

III

L'homme fait l'homme à son image corporelle, mais jamais à l'image de son esprit. Ne semble-t-il pas que la création de l'esprit vienne de plus haut ? On ne s'étonne pas d'étudier les races idéales comme les races palpables. Lamartine est de la lignée de Pindare. On peut dire aussi qu'il est frère de Chateaubriand. Jusqu'à lui la France avait eu des lyriques académiques : ils se sont évanouis devant sa Muse radieuse, comme les étoiles devant l'aurore. Il a été sublime dans son vol ; mais, le malheur de son origine, c'est qu'il était condamné à ne jamais marcher sur la terre, sinon comme un rayon qui passe. Ah ! s'il avait eu un ami pour arrêter les chevaux d'Apollon et les ramener, çà et là, dans le chemin des mortels ! mais ce n'était pas le temps :

Chateaubriand avait marqué, pour lui et les siens, les routes azurées. Lamartine ne fut donc pas maître de lui dans ses emportements ; plus d'une fois il se pencha sur le monde réel et voulut s'y acclimater, mais l'inspiration l'en détachait bientôt ; il ne voyait plus la vérité qu'à travers les brumes argentées du matin, les arcs-en-ciel de l'orage, les empourprements du soleil couchant. Aussi était-il moins un homme qu'un poète. Le Sinaï était son Olympe. Il pouvait dire, chaque fois qu'il remontait aux cimes rayonnantes : « J'ai la nostalgie du ciel. » Ç'a été aussi le ciel de Mahomet, avec des houris virginales.

Moins humain que divin, Lamatine fut le poète adoré de toute une période. Il y a toujours eu en France un homme qui est l'homme de tout le monde. Lamartine le fut pendant un quart de siècle. Sous Louis-Philippe, aux premières années du règne, ainsi que pendant les dernières années de celui de Charles X, il fut le vrai souverain comme le fut Voltaire sous Louis XV. Ces souverains-là tombent du trône aussi bien que les autres ; mais ils ne perdent pas leur couronne immortelle. Nul n'entend, aujourd'hui, les lointains échos des vaines discussions politiques, tandis que les livres, je veux dire les âmes de Lamartine, de Victor Hugo, d'Alfred de Musset, de Michelet, parlent haut à des millions de lecteurs, et s'imposent dans toutes les conversations.

Le dix-neuvième siècle aura bien mérité de la patrie parce qu'il aura aimé la gloire, parce qu'on lira son histoire sur l'Arc de Triomphe dans les musées et dans les bibliothèques, partout où domine l'esprit.

IV

En lisant Chateaubriand, Lamartine disait : « La facilité est la grâce du génie. » Chateaubriand en disait autant de Lamartine. Aujourd'hui, quelques dédaigneux de Lamartine voudraient faire croire que sa facilité est un signe de faiblesse. Ils voudraient que le poète se fût enfermé dans l'antre de Vulcain pour battre et rebattre le fer. Ils oublient que c'est Apollon qui conduit allègrement les muses. A chacun selon ses œuvres. Les inspirés font jaillir les vers comme des flèches d'or ; les acharnés au travail écoutent Boileau qui repolit ses vers même quand il n'y a rien dans ses vers.

Quelle merveilleuse source d'eau vive que le génie de Lamartine, soit qu'il fût à la tribune, ministre des idées, soit qu'il improvisât de la prose ou des vers.

Quand il écrivit l'histoire des *Girondins*, je lui donnai des lettres de Condorcet, qui était cousin de mon grand-père. Il me retint, un matin, à déjeuner avec lui. En attendant, nous causâmes devant le feu. Il prit une vingtaine de feuilles de papier sur ses genoux et il se mit à écrire, sans pour cela cesser de parler ou de m'écouter. Il était de ceux qui, comme Richelieu et Napoléon, peuvent faire deux choses à la fois.

— Que faites-vous là ? lui demandai-je en le voyant à sa dixième feuille, où il jetait rapidement sa belle écriture.

— Eh bien ! j'écris un chapitre des *Girondins*.

Je n'en revenais pas, car nous ne parlions pas du tout de la Révolution.

Quand on vint nous avertir pour le déjeuner, Pelletan, qui corrigeait les épreuves de Lamartine, entra et lui dit que l'imprimeur attendait.

— Qu'il aille au diable ! Je ne puis lui donner, aujourd'hui, que vingt-cinq pages !

Rien que vingt-cinq pages ! Et vingt-cinq pages que je relis souvent.

Les documents ne lui manquaient pas pour les *Girondins*. Il en avait de toutes mains. Mais il se contentait de les feuilleter au hasard des trouvailles, ce qui ne l'empêche pas d'être encore aujourd'hui, non pas pour les chercheurs de petites bêtes, mais pour les esprits supérieurs, le premier historien de la Révolution.

En lisant ce beau livre, beaucoup se sont dit : « C'est éclatant, mais c'est du strass. » Oui, c'est éclatant, et c'est du diamant.

V

Madame de Lamartine avait un salon. — Un thé froid. — Il fallait s'y nourrir de ses aquarelles et des stances du poète. Aussi c'était chez lui que Lamartine jetait ce cri légendaire : *La France s'ennuie !*

On disait de Saint-Just qu'il portait sa tête comme un Saint-Sacrement : Lamartine portait la sienne comme un tabernacle. Eh bien ! oui, le tabernacle des grandes pensées et des beaux sentiments. Ce qui ne l'empêchait pas de crier à tout propos : « Mille tonnerres de nom d'un diable ! » Ce grand homme qui parlait comme Moïse et comme Platon jurait quelquefois comme un chiffonnier.

On a dit qu'en entrant chez Lamartine on croyait marcher sur des nuages. C'est qu'on ne se sentait pas chez un simple mortel. S'il y avait de l'Olympe chez Victor Hugo, il y avait du septième ciel chez Lamartine. Oui, on franchissait son seuil dans la symphonie des *Méditations* et des *Recueillements,* on avait toujours peur de faire la *Chute d'un ange.*

Rien n'était moins poétique que Lamartine chez lui, jouant l'homme politique et parlant de ses vers comme de futilités féminines. Chez lui, il n'habillait pas mieux sa pensée que son corps ; ayant l'horreur de l'argent, il n'était préoccupé que de la question d'argent. Je ne parle pas ici de ses grandes heures où les beaux vers lui tombaient des lèvres. Quand il y avait en lui du dieu et de l'apôtre, il était sublime ; mais l'homme retombé n'était plus un grand homme. Le premier venu, quelque peu doué d'esprit et de raison, le battait dans la causerie, à moins qu'il ne fût pris d'une inspiration soudaine ; mais alors c'était le dieu qui réapparaissait.

Par malheur, il n'y a pas de portrait du dieu Lamartine. C'est qu'il ne s'est pas trouvé un grand artiste pour saisir l'heure et le moment. Son portrait par Decaisne manquait de tout. Il était, d'ailleurs, en harmonie avec l'ameublement de cet intérieur notarial : partout, de pur acajou, dans la forme la plus discordante. « N'est-ce pas, disait-il, que ma chambre est la cellule d'un cénobite ? » Je me demandais comment il pouvait cueillir une pensée et trouver un vers sur ce prosaïque bureau à casiers ? Mais il avait d'autres inspirateurs, tout un bataillon de chiens et toute une tribu d'oiseaux. Il me fit un jour l'honneur de me présenter à sa perruche, une babillarde sempiternelle, qui n'avait jamais fini de lui conter ses histoires.

Le salon du grand poëte eût été littéraire, s'il n'eût été politique ; mais la poésie et l'art s'enfuyaient, tout effarouchés, devant ces hommes qui s'imaginaient qu'on fait une nation à son image, quand on n'a pas d'image. M. de Lamartine, tout grand qu'il fût, coupait ses ailes de poëte pour les mettre dans la poche de M. Odilon Barrot, de M. Anselme Petetin, de M. Victor Considérant. Si David d'Angers venait chez lui, c'était comme homme politique.

Les samedis politiques finirent par l'ennuyer lui-même. Madame de Lamartine invita quelques femmes et quelques hommes et quelques artistes à venir le dimanche, mais ce fut encore la politique qui prit le pas. La société française ne voulait pas qu'on la sauvât, même chez Lamartine. Et, pourtant le grand poëte enviait la royauté de madame Récamier, qui avait sauvé la société parisienne dans son salon, comme Noé sauva le monde dans son arche. En ce temps-là, où il n'y avait plus de

sceptre, elle releva le sceptre idéal de l'esprit.
Il est vrai que, dans ses mains, c'était le sceptre
de la beauté — de sa beauté. — Madame de
Staël disait : « Cette femme, dont le caractère
est exprimé par sa beauté même. »

Un jour, je suis allé serrer la main à Lamartine, rue de la Ville-l'Evêque, dans ce triste rez-de-chaussée, qui me sembla le vestibule de son tombeau. Je n'ai plus trouvé que l'ombre de Lamartine. Cette grande lumière s'était obscurcie ; chaque jour éteignait un rayon, la nuit éternelle tombait sur ce beau front. Il restait à son intelligence un seul sillon demi-lumineux qui lui permettait de penser encore, mais c'est en vain qu'il voulait soulever les nuées des horizons. La mort était là, déjà implacable avant de frapper. Il ne me dit presque rien, mais que son silence était éloquent ! Je retrouvai la bonté dans son regard, la bonté, la dernière vertu de cette grande âme. Quand je sortis, je fus frappé au cœur d'avoir vu l'humanité soumise à ses déchéances jusque dans ses représentants les plus glorieux. Je pleurai dans Lamartine un des sept grands hommes du siècle.

On ne saurait trop conseiller aux hommes de génie qui ne veulent pas mourir dans la solitude absolue, après les coups de soleil de la renommée, d'avoir toujours aux heures fatales de la désolation et de la mort un ange, sous la figure d'une femme, pour veiller à leur chevet, comme cette douce et charmante Valentine de Cessia. Elle faisait croire à Lamartine, quand le grand poète se survivait, que ses beaux vers étaient, comme toujours, sur toutes les lèvres. Quand Lamartine lui demandait de lui lire quelque chose, n'importe quoi, à lui, qui ne comprenait plus bien, elle ne manquait pas de lui lire des pages de Lamartine, prose ou poésie.

Il ne savait plus bien si c'était du Lamartine ou du Pindare. J'ai assisté à une de ces lectures, c'était navrant. Mais pour lui le silence était plus désolant encore. Était-il bien sûr de n'être pas dans le tombeau. Fragilité de tout ce qui est humain et même de tout ce qui est divin dans l'homme. Combien d'autres grands esprits ne se sont pas reconnus à l'heure de la mort. Mais encore un mot sur l'intérieur de Lamartine.

Où était le beau temps où le vrai tout-Paris rayonnait dans ses salons, rue de l'Université? De 1835 à 1848, ce fut la gloire sans nuages.

Madame de Lamartine présidait, et mademoiselle Valentine de Cessia effaçait quelque peu la présidente.

Il me rappelle une scène qui témoigne de l'adoration des femmes pour Lamartine et de la grâce onctueuse de sa nièce :

Une jeune Anglaise francisée, très francisée, mais peut-être trop enthousiaste, arrive dans le salon où se trouvait le grand maître. Elle avait un bouquet à la main; elle se jette à genoux devant lui, en effeuillant les roses à ses pieds, et d'une voix haute, sans trop d'accent anglais, elle prononce ces paroles :

— Franklin disait à Voltaire : « Dieu et la liberté! » moi je dis : « Dieu et Lamartine! »

Et, après ces belles paroles, voilà la dame qui s'effondre et s'évanouit devant le poète.

Mademoiselle Valentine de Cessia, avec une tendresse de sœur, la prend dans ses bras, la caresse et lui fait respirer des sels.

Ce spectacle fut charmant, surtout quand l'Anglaise fanatique revint à elle. Les deux jeunes filles s'embrassèrent avec une effusion toute familiale. Lamartine, qui avait le droit d'être solennel après les paroles qu'il venait d'entendre, verse un pleur. A ce moment, j'ai cru que tout le monde allait s'embrasser.

Quelques dames embrassèrent Lamartine. Suis-je bien sûr de ne pas avoir embrassé madame de Girardin pendant que Girardin appuyait sa voisine sur son cœur?

IV

Comme toutes les grandes âmes, la nièce de Lamartine fut douce envers la mort. D'ailleurs, cette contemplative fut toujours la meilleure des femmes. Elle veillait sur la toute petite fortune qui restait au poète sans jamais se fâcher, quoique les chiffres aient toujours appelé le combat, comme a dit un philosophe. Elle avait hérité de son oncle le droit d'asile dans le chalet de la Muette. Quand on lui dit que la Ville de Paris désirait reprendre son chalet, elle obéit à ce désir, en acceptant une rente viagère qu'elle aurait pu exiger plus généreuse, puisque ses années ne lui donnaient pas l'espoir de vivre longtemps.

Cette bonne et gracieuse créature, dont le nom restera dans l'histoire des lettres, avait sacrifié sa vie à ce pauvre Lamartine tant abandonné en ses dernières années. Je ne sais rien de plus triste que la vie douloureuse du grand poète mourant tous les jours un peu. Cet amoureux de la lumière s'ensevelissait lentement en se demandant si c'était bien lui qui survivait au grand Lamartine des jours rayonnants. Sa nièce, qu'il adorait en mémoire de sa fille morte à seize ans, voulait dans sa bonté inépuisable qu'il crût encore à sa royauté de poète. Bien des fois en lui lisant un journal, elle improvisait un éloge rapide du grand oublié.

Bien mieux, comme il y avait en elle l'étoffe d'une Muse, il lui arrivait de lire à Lamartine des odes rimées par elle, qu'elle attribuait à quelque poète célèbre d'aujourd'hui.

Saluons donc d'un adieu bien sympathique cette belle âme qui n'a vécu que pour consoler et qui est morte en interdisant d'envoyer toute lettre d'invitation ou de faire-part. Quand Valentine de Cessia entrera dans la chapelle funéraire de Saint-Point, Lamartine tressaillera dans son marbre et lui dira : « Toi, toujours toi, dans la mort comme dans la vie ! »

X

CHEZ VICTOR HUGO — PLACE ROYALE

En ce temps-là, les illustres de la littérature accueillaient fraternellement les nouveaux venus. Quand je publiai les *Sentiers perdus*, Edouard L'Hote, le poète des *Primevères*, qui était presque célèbre, me conseilla d'envoyer mon premier volume à Chateaubriand, à Lamartine, à Hugo, à Dumas, à Alfred de Musset et à Alfred de Vigny. J'avais dit à Edouard L'Hote que c'était du temps de perdu, puisque les illustres poètes ne le liraient pas ; aussi je fus bien surpris quand je reçus cinq lettres de félicitations. Je donne ici ces précieux autographes, non pas, comme on pourrait le croire, par vanité, mais pour montrer l'esprit du temps et l'esprit de chacun des grands hommes qui répondaient si galamment à mon appel.

« Mon cher poète, m'écrivait Dumas, j'ai respiré l'air vif dans vos sentiers. Venez donc causer avec moi. »

La seconde lettre était de Chateaubriand :

« Vous entrez dans la vie littéraire à l'heure où je m'en vais, mais je n'oublierai pas que vous êtes le poète de la muse éternelle qui s'appelle la Nature. »

Le troisième autographe fut une cordiale poignée de main d'Alfred de Musset, que je rencontrai à la *Revue de Paris*. C'était le premier pas d'une amitié qui a dépassé le tombeau.

Le quatrième autographe, plus charmant encore, était d'Alfred de Vigny :

« Je viens de lire vos poésies.

» Il m'a semblé que je respirais la bonne odeur de la terre fertile après les douces ondées » :

Fragrands the fertile earth after soft showers.

comme a dit un grand poète anglais.

» Vous dire tout ce qui me charme dans vos poésies me serait impossible ici ; mais vous verrez à des marques nombreuses combien de fois je me suis arrêté, en errant dans vos bois. Je retournerai, comme vous, m'asseoir dans les mêmes sentiers. »

Victor Hugo, au bout de huit jours, ne m'avait pas répondu, lui qui répondait à tout le monde sans jamais se faire attendre. Enfin, il m'écrivit ces mots, qui me désespérèrent, car je les pris à rebours, croyant qu'il se moquait de moi. Et pourtant, j'avais mis dans son exemplaire un sonnet tout à sa gloire.

A VICTOR HUGO

Ton génie est la cime aux éblouissements,
La nature sourit à tes apothéoses,
La vigne et la forêt, en leurs métamorphoses,
Se traduisent tes vers et content tes romans.

Ton génie est la source où boivent les amants
Courant par les jardins tout allumés de roses,
S'enivrant du parfum des fleurs blanches et roses,
Et jetant à la mer perles et diamants.

Ton génie est un ciel en sa beauté première,
Quand le jeune soleil rayonne épanoui,
Quand les étoiles d'or chantent l'hymne inouï.

Ton génie est un monde où Dieu met sa lumière
Parce que ton esprit cherche la Vérité,
Ton âme l'Infini, ton cœur l'Humanité.

Voici le mot de Victor Hugo :

« Mon cher poète,

» Votre sonnet vaut un volume, votre volume vaut une bibliothèque. Vous venez en droite ligne de Virgile et de Théocrite. Je vous lis et je vous aime. »

Nous vivions alors dans la Bohême du Doyenné, avec Théophile Gautier, Gérard de Nerval et les autres.

— Mon cher poète, dis-je à l'auteur de la *Comédie de la Mort*, lis cette lettre de Hugo et dis-moi s'il est permis de se moquer ainsi des gens.

— Il ne se moque pas de toi. Hugo voit tout en grand et en beau ; il se passionne à tout propos ; ton livre a éveillé en lui un orage de poésies. Du reste, je le verrai dimanche et je saurai ce qu'il pense de tes vers. N'en parlons pas jusque-là.

Théo avait raison. Le jour même, deux lettres d'invitation écrites de la main de madame Victor Hugo, nous vinrent à Théo et à moi. Déjà nos deux amis, Gérard de Nerval et Alphonse Esquiros, étaient invités pour ce dîner-là. Il faut s'attendre à tout dans la vie littéraire.

— Tu verras, me dit Théo le dimanche matin, tu verras par l'ameublement de Victor Hugo que, s'il a du génie dans ses livres, il est tout plein d'exaltation et d'extravagance dans son ameublement ; tu ne t'étonneras pas de trouver un trône dans son salon.

— Comment ! un trône !

— Pourquoi pas ! C'est le roi de l'esprit ; il est plus roi que le roi des Français. Rassure-toi ! Chez lui, ce ne sera pas un dîner de roi, mais un simple dîner de poète.

Dès que nous fûmes dans le salon de Hugo, je me sentis transporté dans un autre horizon. Esquiros, qui écrivait alors son roman le *Magicien*, me dit, en me montrant le maître :

— Le vrai magicien, le voilà !

Nous n'étions pas moins de douze à table. Hugo parla beaucoup, mais moins encore que les deux dames qui étaient à ses côtés. Ces deux dames c'étaient madame Dorval et mademoiselle Georges. Au bout de la table, c'étaient les enfants du poète, pas moins de quatre alors : les deux filles étaient rieuses, les deux fils étaient tapageurs. Charles brisa son verre, on ne sait pourquoi, pendant que son frère sifflotait une chanson de Monpou. Tout le monde porta un toast aux deux comédiennes.

La soirée fut très bruyante ; pas un seul membre de l'Académie française, sinon Charles Nodier. Beaucoup d'amis du maître et de la maîtresse de la maison entraient pour ne rester qu'un quart d'heure. Victor Hugo était gracieux avec tout le monde. Je dois dire qu'il ne monta pas sur son trône, ce trône d'occasion qu'il tenait d'un marchand d'antiquités du boulevard Beaumarchais. Plus tard, j'ai acheté chez le même marchand les tapisseries des Gobelins qui sont encore au Théâtre-Français, dans le cabinet directorial.

Victor Hugo avait une voix d'or qui charmait toutes les oreilles. Il trouvait le mot sans chercher, mais il allait trop loin quand il se perdait dans le paradoxe. Par exemple, il me complimenta d'être du pays de Racine et de La Fontaine; mais il ne put s'empêcher de dire tout haut beaucoup de mal des fables de La Fontaine, n'admettant le grand fabuliste que pour ses contes. Il n'était pas, non plus, enthousiaste de Racine.

— Il va, s'effaçant de jour en jour, disait-il. Il y a un abîme entre Corneille et Racine : Corneille a la souveraine grandeur, tandis que Racine n'est qu'un maître d'études.

Il n'en pensait pas un mot. Il était trop grand lui-même pour ne pas reconnaître la grandeur des autres.

On se couchait de bonne heure dans ce temps-là ; vers onze heures, la solitude se faisait dans les salons.

Or, à onze heures, Victor Hugo pria Esquiros de prouver une fois de plus qu'il était un grand magicien. Esquiros avisa un jeune peintre, je crois bien que c'était Edmond Hédouin, pour lui servir de compère. Victor Hugo était tout yeux, tout oreilles. Ce grand esprit se laissa prendre plus tard aux tables tournantes ; mais déjà vers 1834, Esquiros lui fit croire au diable. « Mesdames et messieurs, dit Esquiros aux retardataires, vous ne croyez pas au diable, moi j'y crois de toutes mes forces intellectuelles. Ce jeune peintre de mes amis, ici présent, n'est pas comme vous autres un sceptique. Avec cette aiguille que vous voyez là, je vais lui percer la main sans douleur.

— Sans douleur pour vous, dit Alphonse Karr.

Le peintre ferma les yeux et abandonna bravement sa main ; Esquiros le magnétisa et lui transperça la main en moins de cinq minutes. Les curieux furent tous convaincus, moins Edouard Ourliac et moi. Je dois pourtant dire que l'aiguille avait transpercé la main entre le pouce et l'index. Quelques instants après, Esquiros réveilla le sujet et recueillit avec lui tous les applaudissements.

Esquiros vit bien que je croyais à une supercherie ; alors, s'adressant à moi : « Mon cher ami, me dit-il, asseyez-vous là, je vais vous magnétiser aussi et vous donner le don de lire dans cette belle Bible qui sert de marchepied pour monter sur le trône. »

J'eus beau m'en défendre, il me fallut obéir à la prière de tout le monde et à la volonté du magicien.

— Oui, me dit-il, je vais vous endormir et vous lirez la page que je vous indiquerai, rien qu'en touchant les lettres, puisque je vous ferme les yeux.

J'étais dans le plus grand embarras, il me fallait me brouiller avec Esquiros et mécontenter tout le monde si je n'acceptais pas.

— Vaille que vaille, dis-je, je vais lire dans la Bible.

La petite scène fut bientôt organisée. Esquiros me poussa dans un fauteuil et tout le monde fit cercle autour de moi.

— Vous savez bien votre Bible ? me demanda plus doucement Esquiros; mais d'ailleurs, je vous le dis en vérité, ces lettres noires vont se métamorphoser en lettres de feu.

— Je voudrais bien voir, dis-je, en prenant mon parti de jouer cette comédie impossible.

Esquiros ouvrit la Bible au livre de Job. J'avais la fièvre; heureusement j'avais beaucoup lu la Bible au collège de Soissons. Qui ne connaît le livre de Job?

— Lisez! me dit tout d'un coup le magicien.

Je me risquai.

— Mesdames et messieurs, je n'ai jamais su bien lire tout haut, ne vous étonnez pas si je lis encore plus mal aujourd'hui.

Et me voilà parti à tout hasard, disant la première page du livre de Job, comme si je la savais par cœur ou comme si je voyais les lettres de feu dont m'avait parlé Esquiros.

Je débutai sans trop changer le texte des premières lignes; mais, quand je sentis que je bafouillais, je m'écriai tout à coup :

— Oh ! je n'y tiens plus, ces lettres de feu me brûlent les yeux ; de grâce, donnez-moi la liberté !

Ce que fit Esquiros, tout en disant qu'il m'avait mal endormi. Il m'offrit de renouveler cette séance au dimanche suivant. Je lui demandai la grâce de passer mon rôle à un sujet plus soumis.

Cette épreuve douteuse fit du bruit dans le monde ; les journaux en parlèrent, les uns pour affirmer la force magnétique, les autres pour rire un peu de cette séance inoubliable, puisque Hugo m'en parlait encore, en ses dernières années.

XI

LES ROMANTIQUES ET LES FANTAISISTES

I

Tous les poètes, tous les rêveurs, tous les originaux de la période romantique, ont fraternisé bien longtemps dans un pavillon de l'hôtel Pellaprat, sur le quai Malaquais. Quand cette belle période fut à son déclin, Victor Hugo, qui plus d'une fois est venu passer une heure dans notre gai pavillon, nous disait : « Ne vous dépensez pas trop dans le journalisme, c'est le tonneau des Danaïdes : on y verse son esprit, son imagination, sa science, ses rêves les plus chers, tout le vin du pampre idéal qui fleurit dans le cœur, et la génération qui suit ne veut plus boire à ce tonneau-là. »

Vers 1844, nous avons, avec nos amis, tenté de faire l'histoire contemporaine des arts et des lettres par la poésie, par la critique, par l'imagination et par la gravure, créant ou interprétant la création d'autrui.

Nous avons débuté par cette idée, que Dieu ayant trouvé son œuvre imparfaite, après avoir créé le monde, en avait rêvé un plus beau, plus infini, plus digne d'un tel maître ; que l'artiste et le poète avaient reçu la mission de continuer le rêve de Dieu et de gravir l'âpre montagne où fleurit son idéal. Nous étions jeunes, nous marchions avec la passion du Beau, avec la haine des écoles et des entraves.

Le Beau, voici comment nous le comprenions : le Beau visible doit parler du Beau invisible comme le monde parle de Dieu. Dieu a créé l'homme avec un peu d'argile en laissant tomber sur sa créature les rayonnements de sa pensée, alliant ainsi par une œuvre sublime la terre au ciel. L'artiste et le poète ne doivent pas séparer l'argile du rayonnement, la terre du ciel, le fini de l'infini.

La poésie n'est pas seulement le parfum des fleurs de la terre, ni la flamme allumée au ciel. Il faut que le parfum habite un calice dessiné et peint par Dieu lui-même, il faut que la flamme du sentiment brûle sur un autel sculpté avec l'art le plus radieux.

L'art est une majestueuse unité. Ce qui a presque toujours stérilisé l'art moderne, c'est que, tour à tour enfant prodigue et vierge mystique, il a dissipé son bien avec les courtisanes dans les orgies de la forme, ou bien il a voilé sa face et a poursuivi l'ombre de la pensée plutôt que la pensée elle-même. Ç'a été l'art vénitien, dont les pompes théâtrales, l'éclat de palette, les ébauches radieuses de pinceau étouffaient le sentiment ; ç'a été aussi l'art du moyen âge, qui a traduit l'histoire de l'âme sans jamais vouloir adorer l'altière poésie des panthéistes, celle qui fleurit sur les lèvres de Violante, maîtresse du Titien, comme sur les pampres joyeux du Pausilippe.

Il n'y a pas seulement deux écoles aujourd'hui : l'école de la pensée et l'école de la forme ; il y en a vingt. Par exemple, n'oublions pas celle des grammairiens de l'Université, éplucheurs d'ivraie, qui commencent, les aveugles qu'ils sont, par arracher le bon grain. Aussi vous verrez quelles gerbes ils recueilleront ! Reconnaissons que l'art a sa grammaire comme il a sa poésie ; mais à force de grammaire on devient — praticien.

Il y a les fantaisistes, heureux esprits qui voyagent dans le bleu, gais, rêveurs, dédaignant les biens de ce monde, qui ne demandent à cueillir, en passant le long des blés murs, que le bluet dont les jeunes filles se font des couronnes. Fantaisie ! fantaisie ! disions-nous alors, muse des jeunes et des insouciants, écolière fuyant l'école et s'attardant jusqu'au soir sous la fraîche ramée, pour respirer le parfum trop doux des fraises et des églantines, qui d'entre nous ne t'a suivie et adorée ? Mais *nous n'irons plus aux bois, les lauriers sont coupés,* comme chantait Banville : la fantaisie a montré son pied tout parfumé d'herbe sur le seuil de l'Académie française, depuis qu'Alfred de Musset a fait ses visites.

Il y a aussi les graves, qui font trembler l'Olympe au mouvement de leur sourcil. Ceux-là veulent être les pasteurs des peuples ; ils ne veulent pas que la poésie soit un vain amusement, une musique qui se perd dans les nues, un parfum de violette que secoue en passant le pied nu de la paysanne, une draperie sculptée dans la splendeur du beau par Phidias, ou Praxitèle, un chef-d'œuvre de ciselure par Benvenuto Cellini, un rayon de soleil recueilli par Diaz ou Ziem. Ils veulent que la poésie se souvienne de Moïse, de Platon et de Jésus-Christ ; qu'elle écrive ses hymnes d'or au livre de l'avenir, qu'elle entraîne les peuples vers les rives idéales des mondes meilleurs, qu'elle ouvre aux générations présentes cette vie féconde et universelle rêvée pour les générations futures. Saluons les graves, ils sont des nôtres ; saluons-les, car ils chantent pour le peuple ; et le peuple chasse les poètes de sa république, sans les avoir couronnés de roses, comme le voulait Platon.

Il y a aussi les philosophes, esprits ambitieux, qui ne font la lumière que pour éclairer les ténèbres. Philosophie ! Science de la vie quand on veut mourir, science de la mort quand on veut vivre ! Livre dont on n'a ni le commencement, ni la fin, dont la préface est dans le chaos et la postface dans le sein de Dieu ! Nous avons salué les philosophes.

Il y a aussi les réalistes, ceux-là qui violent la vérité toute ruisselante encore sur la margelle de son puits, enfants de l'école hollandaise qui oublient que Rembrandt le panthéiste, tout en demeurant avec religion attaché sur la terre, baignait son front dans les vagues lueurs du sentiment biblique et de la pensée divine.

Il y a aussi ceux du *bon sens*, archéologues nés pour le pontificat, qui préfèrent l'odeur du tombeau et le bruit des ossements au parfum savoureux de la forêt et aux battements du cœur.

Il y a aussi les éclectiques, qui ne sont ni de leur temps ni de leur pays, parce qu'ils veulent être de tous les temps et de tous les pays.

Il y a aussi l'école des stériles, ceux-là qui empêchent les abeilles d'aller à la ruche parce qu'ils n'ont jamais rencontré la fleur de vie que donne le miel.

Enfin, il y a les libres esprits, qui vont cherchant partout l'art et la pensée, dans les poèmes d'Homère, dans la sculpture antique, dans les pages mystérieuses et solennelles de la Bible, dans les pâles rêveries des Byzantins, dans les épanouissements de la Renaissance, dans le livre radieux qui s'appelle la Nature !

Ceux-là, — c'étaient les rédacteurs de *l'Artiste* et de *la Revue de Paris*. Ils n'ont subi aucune école, ils n'ont eu de culte que pour l'idée, ils n'ont eu de passion que pour la ligne ; ils ont salué les soleils couchants, mais c'est vers l'aube matinale qu'ils se sont tournés, plus inquiets de ceux qui feront l'avenir que de ceux qui étaient déjà passés. Il leur sera beaucoup pardonné, parce qu'ils ont beaucoup aimé les jeunes.

Oui, les jeunes en art et en poésie, nous les avons aimés, nous leur avons donné notre cœur et notre plume. En est-il qui soient venus à nous, les amoureux du marbre ou de la palette, de la prose ou du vers, sans avoir été accueillis comme des frères ?

Nul d'entre nous n'oubliera en quelle insouciante fraternité nous vivions à ce journal ; ceux qui étaient nos amis sont toujours demeurés nos amis.

Je remercie ceux-là qui ont donné à *l'Artiste* et à la *Revue de Paris* la fleur de leur jeunesse,

leur verve et leur science. Quand on m'a confié
le droit de gouverner ces journaux, je suis allé
à tous les jeunes esprits, ils sont venus à moi :
nous nous sommes rencontrés en chemin. Gérard de Nerval revenait d'Orient pour raconter
ses poétiques et savants voyages au pays
d'Homère. Il m'a emmené trois fois au delà
des mers ; si je m'étais abandonné à lui, nos
journaux auraient paru tantôt à Amsterdam,
tantôt à Venise, tantôt à Athènes. Je n'avais
lu qu'une page de Marc Fournier, qui vivait
seul, dans l'étude, spirituel comme Beaumarchais, amer comme un philosophe de Genève :
il était sans tribune et sans nom. Je suis fier
d'avoir songé à lui. Mantz, c'est presque la
même histoire, à cette variante près que Mantz
m'avait appris son talent en frappant fort sur
mon livre le plus cher ; mais sa critique était
d'un si beau style ! Je suis parvenu à faire
écrire Vermot et Malitourne, un poète et un
critique, ou plutôt deux poètes, qui, selon mon
précepte (je n'ai que celui-là), prennent la

poésie pour leur vie, afin de n'avoir pas la
peine d'en faire un livre. J'aimais trop Théophile Gautier pour le faire écrire beaucoup ;
mais il nous donnait les meilleurs de ses paradoxes ; de Molènes seul osait entrer en lutte
avec lui. Quelle fête de temps perdu, dans ce
salon du quai Malaquais, quand nous étions
tous là, révolutionnaires intrépides, escaladant le Parnasse pour y porter une main sacrilège sur tous les dieux de convention, sur tous
les usurpateurs qui ont étouffé le génie insouciant et paresseux ! Combien peu de poètes et
d'artistes consacrés restaient debout sur leur
tombe orgueilleuse ! C. Lafayette, avec sa voix
sonore et sa phraséologie originale, était longtemps écouté pour l'imprévu de son éloquence.
Esquiros, autre Saint-Just, beau, grave et
triste, apportait son insouciance de philosophe
antique et le calme rayonnant de l'apôtre montagnard. Pelletan accablait avec ironie les parvenus de l'art, de la poésie et de la science.
Plus d'un membre de l'Académie des beaux-

arts et de l'Académie des inscriptions, plus d'un universitaire faisant la roue, n'aimaient pas alors à passer sous les fenêtres de l'*Artiste*, presque toujours ouvertes. De là jaillissaient le sarcasme et la raillerie, sans respect pour les perruques, car en ce temps-là, les longs cheveux des romantiques n'avaient pas encore eu raison des perruques.

Et Janin, et Méry, et Gozlan, ces trois princes de l'esprit français! Et Laurent-Jan, l'esprit en personne, insensé, profond, éblouissant comme l'esprit. Et Hetzel, qui avait assez d'esprit pour en prêter beaucoup à *Stahl*, — traduisez *rayon*. — Et Coligny, et Eggis, et Thoré, né artiste, qui peignait avec une plume. Et Pyat, ce penseur altier qui a fait de la vérité une poésie. Et Préault, le sculpteur qui taillait en plein marbre... tant de bons mots. Et Charles Nodier, le poète de la grammaire, dont nous avons publié les dernières pages. Mais il faudrait nommer toutes les royautés littéraires, celles qui se couronnent d'or et celles qui se couronnent d'herbe folle, comme la pâle Ophélia. N'oublions pas maître Champfleury, qui nous jetait aux yeux de la poudre d'or, quand ce n'était pas de la farine de Pierrot. N'oublions pas Henri Murger, que nous avons couronné avant son apothéose en bronze. N'oublions pas Charles Monselet, qui fut célèbre dès qu'il écrivit, esprit original qui, débarquant à Paris, m'écrivit ceci : «,Monsieur, voulez-vous me donner une lettre de recommandation pour M. Arsène Houssaye ? »

Quel est le nom aimé qui a manqué aux pages de l'*Artiste* et de la *Revue de Paris?* Hugo nous a donné des dessins précieux et des fragments de son beau livre *le Rhin ;* Lamartine, des vers et de la prose ; Sainte-Beuve, des critiques et des sonnets ; Rémusat, son éloquent parallèle sur les trois formes que le sentiment mélancolique a revêtues dans l'art contemporain, sous l'influence du génie français, allemand et italien (*René, Werther, Jacopo Ortis*).

David d'Angers, Eugène Delacroix, Decamps, Corot, Meissonier, Henri Lehmann, tant d'autres artistes voulaient bien, pour nous, faire une plume éloquente de leur ciseau, de leur pinceau ou de leur crayon.

L'*Artiste* est toujours debout. La *Revue de Paris*, qui eut tant de jours glorieux et tant de nuages, mourut trois ou quatre fois, non par la faute de ses rédacteurs, mais par la faute de ceux qui l'ont dirigée, ce qui ne l'empêche pas de se bien porter aujourd'hui.

II

Quand Alfred de Musset quittait, vers cinq heures, la fontaine de la rue de Grenelle-Saint-Germain, car il habitait là, pour aller au café de la Régence retrouver une autre fontaine, il s'arrêtait de temps à autre au salon de l'*Artiste* où Gigoux et Riffaut ont peint son portrait, simple ébauche au passage, mais il n'aimait pas les grincements de la plume non plus que les causeries littéraires. Il était armé de toutes pièces contre les écoles. Quand il disait : « J'ai mon cœur humain, moi », il ne s'inquiétait pas du cœur humain d'autrui. Un jour, il nous fit sa profession de foi :

« Je vous écoute tous, mes amis, mais aucun de vous n'a raison : il n'y a pas d'écoles en littérature, sinon le silence. Si on vous dit un jour que j'ai fondé une école, dites bien que c'est un abominable mensonge. S'il me venait cette mauvaise idée, voici quelle serait mon école : un atelier comme celui de Pradier, y compris madame Pradier; dans cet atelier, aucun souvenir de l'Antique, ni du Moyen Age, ni de la Renaissance, ni du style rococo, mais une femme, deux femmes, trois femmes si vous voulez, tantôt nues, tantôt drapées, pas trop bêtes, pas trop malicieuses, mais belles de la souveraine beauté, de la jeunesse et de la ligne. Dans cet atelier, si je ne faisais pas un chef-d'œuvre, je serais indigne du nom de poète et d'artiste. »

Alfred de Musset n'exprimait-il pas, en ces quelques mots, son mépris des écoles ?

XII

LA CUISINIÈRE DE GEORGE SAND

Au temps où j'habitais, en compagnie de Jules Sandeau, une maison située rue du Bac, n° 100, nous avions pour voisine madame Dorval qui, tous les soirs, au retour des représentations de *Marie-Jeanne* à la Porte-Saint-Martin, recevait la visite de son amie, Madame Sand. C'étaient alors deux amies inséparables qui trouvaient dans leur amitié l'âme du génie. Quand madame Sand était empêchée de venir chez madame Dorval, la grande dramatiste nous invitait, Sandeau et moi, à son très frugal souper. Nous n'étions invités que ces jours-là, car madame Sand ne voulait pas voir Sandeau, dans la peur de se reprendre à son ancienne passion ; d'ailleurs depuis son aventure avec Alfred de Musset, elle avait banni les poètes de sa république.

En ce temps-là, madame Sand avait une cuisinière et une petite trotte-menu, amenées de Nohant. La petite trotte-menu se nommait Éléonore ; c'était une fillette bien éveillée qui ne doutait de rien. On faisait un doigt de cour à sa jolie moue, à ses beaux yeux et à ses belles dents ; mais invariablement elle répondait : « Il est trop tard ; j'ai donné mon cœur. » Celui qui possédait un pareil trésor était un invincible paysan des environs de Nohant.

Ce beau rustre avait conquis la petite Éléonore en pleurant dans ses cheveux, sous prétexte qu'il la quitterait bientôt pour aller faire la guerre aux ennemis, c'est-à-dire qu'il avait pris un mauvais numéro, et qu'il lui fallait partir ou acheter un remplaçant. On était en 1848.

« — Et combien ça coûte-t-il, mon pauvre Jean-Louis ? »

« — Ça coûte un beau billet de mille francs, pour le moins. »

Éléonore jugea que c'était cher d'acheter un homme, mais elle ne désespérait pas. Aussi, à Paris, chaque fois qu'on lui débitait des galanteries, elle disait : « Je veux bien écouter votre chanson, mais pas à moins de mille francs. » Et elle n'avait pas encore trouvé.

En ce temps-là, on donnait plus facilement mille francs pour un homme que pour une femme.

Un matin, voilà que tout justement madame Sand dit à Nonore :

— Il faut aller chez madame Dorval lui porter cette lettre ; ne va pas la perdre, car il y a dedans un billet de mille francs.

— Oh ! n'ayez pas peur, je vais cacher ça dans mon corsage.

— Oui, mais prends garde qu'on n'y mette la main.

— C'est moi qui n'ai pas peur.

Et voilà Nonore en route pour la rue du Bac, nº 100. Avant d'arriver, Nonore réfléchit que ce billet de mille francs c'était tout juste de quoi acheter un homme à son amoureux. Et voilà le diable qui la tente, la tête lui tourne, elle entre dans un cabinet de lecture, elle se met à écrire une lettre, elle ne s'attarde pas aux fautes d'orthographe. Lisez plutôt :

« Mon cher Jean-Louis, je suis aux anges, comme on dit : je viens de trouver tout juste un billet de *milles* francs. C'est le *bonheure* pour nous. Dépêche-toi d'*acheté* ton homme et de faire publier nos *ban*. Je t'embrasse comme si j'y étais. »

Et la petite drôlesse signa :

Ta Nonore pour la vie.

Après le cabinet de lecture, elle entre chez une fruitière où elle achète pour deux sous de prunes et où elle vole un oignon. Il fallait bien pleurer pour dire à madame Sand : « En passant trop près d'un régiment, quelques-uns m'ont houspillée, si bien qu'en arrivant chez madame Dorval je n'ai pu retrouver ma lettre... Battez-moi, vous qui avez toujours été si bonne pour moi ! »

Nonore avait si bien pleuré, grâce à l'oignon, que madame Sand la crut sur parole. Son premier chagrin fut de ne pouvoir retrouver mille francs pour les envoyer à madame Dorval, horriblement poursuivie par ses créanciers, quand son amant, Jules Sandeau, était poursuivi lui-même. La grande romancière voulait courir chez Buloz, quand survint Michel de Bourges qu'elle avait invité à déjeuner. Deux convives inattendus vinrent coup sur coup : Pierre Leroux et Jules Favre. George Sand se résigna ; elle reprit sa bonne et loyale figure animée d'un vague sourire.

Nonore servit à table comme de coutume.

— La fillette a pleuré ? dit Michel de Bourges.

— Oui, répondit George Sand, voilà pourquoi vous me voyez quelque peu préoccupée ; figurez-vous que cette écervelée s'est laissé voler dans son corsage une lettre que j'écrivais à madame Dorval en lui envoyant mille francs.

— Comment, si futée et si niaise tout à la fois !

— Oh ! elle est trop coquette ; je la renverrai à sa famille dès demain.

Et comme Éléonore sortait, éclatant en sanglots, Jules Favre, ce grand avocat qui renfermait un juge d'instruction, dit à madame Sand :

— Êtes-vous bien sûre que la fillette ne ment pas ? Elle se serait laissé voler sans crier gare ; permettez-moi de l'interroger.

— C'est cela, dit Pierre Leroux, nous allons nous constituer, pour notre dessert, en cour de justice. Rappelons l'accusée.

Et il sonna.

Nonore reparut, essuyant toujours ses yeux.

Jules Favre l'interrogea et la surprit bientôt en flagrant délit de mensonge. Il devint si terrible que la fillette perdit la tête, éclata en sanglots, cette fois de vrais sanglots, et avoua sa faute.

Ce ne fut pas sans supercherie encore, puisqu'elle fit semblant de se trouver mal.

Quand elle fit semblant de revenir à elle, nouvel interrogatoire, et elle entra alors dans tous les détails de sa passion pour Jean-Louis, qui l'ensorcelait.

— Maintenant, murmura-t-elle, tout est fini, je vais aller en prison et il mourra de chagrin.

Cette fois, Nonore pleurait de vraies larmes, si vraies que voilà madame Sand qui se laisse prendre, qui saisit les mains de la voleuse et lui dit avec émotion :

— Ma pauvre enfant, ce n'est pas ta faute; voilà toute une année que tu es charmante avec moi. Ma cuisinière me vole tous les jours, mais c'est la coutume de Paris; toi, tu ne m'avais jamais dérobé une épingle; eh bien! puisque tu as envoyé les mille francs à ton Jean-Louis, je veux te sauver de lui et de toi-même. Qu'il garde les mille francs, qu'il s'achète un homme, qu'il se marie avec toi, et je trouverai des marraines pour tes enfants.

Cela fut dit avec tant de cœur et de simplicité que toute la cour de justice fut prise à son tour; les trois philosophes presque en même temps se jetèrent au cou de madame Sand. La petite voleuse sembla alors une victime de son cœur; ce n'était plus elle qui avait volé, c'était Jean-Louis qui avait pris possession de son âme.

A deux mois de là, Nonore épousa Jean-Louis.

Il faut dire à son honneur qu'il offrit de s'engager par écrit à acquitter cette dette; mais quand, plus tard, il porta les mille francs à madame Sand, elle se récria en disant qu'elle les avait donnés. Et, sur ces mots, elle donna encore dix louis pour les cinq enfants.

Madame Sand n'avait-elle pas abordé et résolu un des problèmes de la question sociale qui l'a toujours préoccupée !

A l'inauguration de la statue de George Sand, Lesseps salua cette statue au nom de l'Académie comme je la saluai moi-même au nom des lettres.

Pourquoi n'avons-nous pas, l'un ou l'autre, rappelé dans notre discours, qui fut bien plutôt une causerie qu'une conférence, cette bonté si simple et si touchante de la grande romancière.

XIII

LA SURVIVANTE

L'oubli est plus cruel que la mort. La mort n'emporte que le corps des poètes, tandis que l'oubli jette son linceul noir sur leur âme terrestre, je veux dire sur leur renommée. Henri de Latouche, qui a créé le *Figaro* et qui a jeté la vive lumière du journal sur un grand oublié — André Chénier — a subi à son tour cette loi fatale de l'oubli.

Henri de Latouche a retrouvé toutes les poésies d'André Chénier. Comme il aimait toujours à tromper son monde, il s'est avisé de les publier avec pas mal de vers de lui.

C'était une malice pour faire vivre sa poésie sous un autre masque. Il croyait, d'ailleurs, que l'immortalité d'André Chénier emporterait bon gré mal gré la sienne avec lui, mais ce rêve s'est évanoui. Quand on n'est que célèbre, on ne devient pas immortel.

Plus d'une fois, j'ai déjeuné gaiement, au café d'Orsay, avec Sandeau et Henri de Latouche. Je n'ai jamais vu d'homme plus charmant, plus gai et plus triste tout à la fois.

Connaissez-vous la légende amoureuse de Breughel, ce peintre charmant, qui avait tant de fois rêvé du paradis dans ses tableaux qu'il finit par y croire, et voulut, chose plus étrange, se créer un Eden réel, un Eden terrestre où, nouvel Adam, il demeurerait seul avec son Ève? Cet Eden, il se le donna; mais comme il avait supprimé le serpent et l'arbre de la science, la nouvelle Ève s'ennuya bientôt des joies paradisiaques, et, toute préoccupée des plaisirs mondains, elle s'enfuit pour aller apprendre la science du serpent qu'elle avait deviné l'attendant derrière la porte du paradis retrouvé.

Ce rêve de Breughel de Velours, que fit évanouir la belle Madeleine Van Alstoot, cette Ève flamande du seizième siècle, plus remplie de malice et de curiosité, comme dit Salomon, que ne l'était la première Ève, — car ce fut le serpent qui vint trouver celle-ci, tandis que ce fut celle-là qui alla trouver le serpent; ce poétique et extravagant songe, que l'on a résumé et ridiculisé tant de fois, depuis Madeleine Van Alstoot, par cette phrase sifflée sur tous les tons : une chaumière et un cœur ; ce songe d'un amour si sublimement simple qu'il en paraît absurde, tout cela a été de nos jours une vérité. Et cette réalité n'est pas même effacée dans les ombres profondes que la mort répand sur les cœurs comme sur les paradis terrestres.

N'y a-t-il pas, pour les poètes, pour les amoureux, pour tous les esprits qui suivent la folie du cœur, — cette sagesse moderne, aussi rare que la sagesse antique, — n'y a-t-il pas une grande consolation à se dire que, dans ce temps d'hommes voués à la Mode et de femmes vendues à la Bourse, pendant que tout le monde se courbait, le cœur sec et l'esprit vide, devant le dieu moderne, le dieu monnayé, il y avait deux cœurs fervents, deux amoureux, qui s'aimaient simplement, qui cachaient leur bonheur dans un paradis de feuillages et de fleurs, — un vrai paradis à la Breughel, — où ils jetaient autour d'eux, à pleines mains, toute la poésie de leur amour, sans souci du serpent?

Comme ils devaient rire de toutes ces ambitions, de toutes ces vanités, de toutes ces amours vénales, de toutes ces avarices, de tous ces égoïsmes, de toutes ces folies qui s'intitulent esprit positif, science humaine, et qui usent les forces de la vie à vouloir conquérir la vie!

Cet Adam, qui sut retrouver le paradis de l'amour en plein dix-neuvième siècle, fut

un poète et un rêveur, mais qui n'avait pas
toujours rêvé. Delatouche, car c'est lui dont
je veux parler, donna, en 1825, une impulsion
si active au *Figaro* que les ministres, effrayés,
achetèrent les propriétaires du journal pour
arriver à en chasser le rédacteur en chef. On
se rappelle que ce fut de Latouche qui inventa
le mot « camaraderie », en frappant de son
indignation les coteries littéraires et artistiques qui, en tout temps comme au nôtre,
s'épanouissaient au soleil avec la plus profonde sécurité. Après avoir débuté au *Constitutionnel*, le refuge des libéraux de 1816,
après avoir passé par la *Gazette de France* et
le *Figaro*, Henri de Latouche, fatigué de la
guerre que son bon sens faisait à ses dépens
aux abus de la camaraderie, se réfugia dans
un ermitage d'Aulnay, situé non loin de l'endroit où s'exila, volontairement aussi, l'auteur
de *René*.

Depuis longtemps déjà, une femme dévouée
suivait Henri de Latouche dans ses luttes,

portant, comme les suivantes antiques, les baumes parfumés qui guérissent les blessures. Pauline de Flaugergues était la fille d'un magistrat qui, tour à tour soldat, tribun, écrivain, traversa la Révolution et resta ce que Dieu l'avait fait : un honnête homme, quelque peu poète. Pauline suivit Henri de Latouche à Aulnay, et c'est là, dans ce nid préparé avec sollicitude, dans ce paradis terrestre qu'on appelle la Vallée-aux-Loups, que le poète fit une réalité de tous ces songes tissus de roses et de pourpre qu'on apprend si bien maintenant à mépriser. Le serpent avait droit de venir, sous la figure de quelques amis, visiter le nouveau paradis. David d'Angers était l'un des plus fidèles et des plus constants visiteurs.

On s'aimait, on rêvait, on écrivait un poème, un roman, une satire, et la vie s'écoulait si douce, si fleurie, si bénie, que l'idée seule d'une habitude rompue, d'un départ, donnait froid au cœur. On ne pouvait se résigner à perdre une heure de ce bonheur-là ; on ne pouvait se faire à l'idée d'une séparation forcée. Que vous dirai-je ? Le bonheur n'a pas de lendemain, parce que Dieu a voulu faire aimer le ciel.

On vécut ainsi plus de dix ans, plus de dix siècles de joies, si on compare ces années de solitude heureuse aux années vaines du monde ; moins de dix jours, si on contemple l'image rapide et fuyante de ces dix années d'amour et de poésie, ces dix années de paradis terrestre !

Un jour, le soleil du bonheur se voila, le ciel bleu de l'amour se couvrit de teintes livides ; un cœur fut déchiré et jeta un grand cri ; sa vie était close par la pierre qu'on roulait sur une tombe nouvelle : de Latouche venait de mourir.

Quand toutes les mélodies de la vie et de l'amour bruissaient dans ces deux cœurs, ils s'étaient juré, un soir d'extase, que la mort même ne briserait pas leur union. De Latouche mort, mademoiselle Pauline de Flaugergues n'eut pas besoin de se rappeler ce serment pour le tenir. Son cœur brisé n'était-il pas enseveli avec son amant et pouvait-elle se séparer de son cœur? Dans le cimetière de Châtenay, un de ces cimetières villageois si calmes, si ombreux, si fleuris, qu'ils vous arrêtent longtemps à rêver au bord de leurs fosses ; dans ce cimetière d'où le regard peut parcourir la Vallée-aux-Loups, les habitants de Châtenay et d'Aulnay ont longtemps fait remarquer un oratoire, la tombe d'un mort et d'une vivante. Cet oratoire forme à l'intérieur une petite salle rectangulaire, dont le fond est occupé par un tombeau en marbre noir surmonté d'un buste signé : David d'Angers. Un petit canapé, deux fauteuils, une table à ouvrage composent l'immeuble de cet oratoire de l'amour. Ce buste, c'est celui d'Henri de Latouche, dont le corps repose dans le caveau creusé sous les dalles. Un jour mystérieux, tout rempli de visions et de souvenirs, pénètre

comme à la dérobée dans ce silencieux réduit.
C'est là que mademoiselle Pauline Flaugergues tenait le serment qu'elle avait échangé avec son ami, un soir de rêverie et de douloureux pressentiments.

Bien avant que l'aube matinale n'ait éveillé le villageois, Pauline glissait lentement sur l'herbe humide de la vallée. Elle venait passer la journée avec l'âme de de Latouche. Après avoir versé toutes les larmes de son cœur aux pieds du Dieu qui commanda d'aimer, elle s'adressait à son ami ; elle s'entretenait avec sa pensée errante sous cette froide voûte ; elle lui parlait comme aux jours où l'on rêvait à deux dans le murmure, elle lui lisait les journaux, les commentait avec lui, comme il faisait parfois, quand il se souvenait de ses triomphes au *Figaro* ; elle lui récitait sa poésie nouvelle, l'*Hymne attristé*, éclos pendant la nuit dans son cœur déchiré, et elle lui demandait ainsi qu'autrefois ses salutaires conseils. Comme les cénobites de la Thébaïde, elle dînait de pain, d'eau et de fruits. Tout entière à son mort bien-aimé, qu'elle pleurait de laisser seul, mademoiselle de Flaugergues ne se nourrissait que grâce aux soins d'un paysan, son voisin, qui recevait ses lettres et ses journaux. Mais Pauline ne pouvait abandonner ainsi son ami à la solitude du tombeau. Qui le croira ? Elle passa quelquefois la nuit à prier et à rêver dans la chapelle.

Jules Sandeau me dit un jour :

— Ce pauvre de Latouche, on ne parle plus de lui, il doit mourir une seconde fois. Je voudrais bien des nouvelles de celle qui avait juré de ne le jamais quitter. Je lui ai écrit deux fois, pourquoi ne m'a-t-elle pas répondu ?

— Eh bien ! par cette belle journée, allons donc à Châtenay.

— J'aurais peur de rester dans le cimetière. Et pourtant, nous ferions tant de plaisir à ces deux amoureux.

Nous allâmes à Châtenay, avec la religion du souvenir; mais dans la chapelle, au lieu d'une tombe, il y en avait deux.

Mademoiselle Pauline de Flaugergues, cette amoureuse qui avait voulu vaincre la mort, était allée rejoindre celui qu'elle avait tant aimé. A-t-elle prouvé à cet amer sceptique qu'il faut croire à tout, même à l'amour dans la mort?

XIV

COMMENT AIMAIENT LES COMEDIENNES

AU MILIEU DU SIÈCLE

I

C'est toujours une bonne fortune de dénouer les masques dans ce bal masqué qui s'appelle la vie humaine. C'était en 1849, j'étais directeur du Théâtre-Français ; quelques amis : Théophile Gautier, Hetzel, Alfred de Musset, Octave Feuillet, Emile Augier, venaient souvent passer une heure dans mon cabinet. Un soir que j'étais seul, Hetzel entra et me présenta un jeune poète qui voulait me lire une comédie. Il avait déjà des intelligences dans la place : il était l'ami de Rachel, de Brohan, de Judith ; il ne doutait de rien, ce qui me donna de lui une bonne idée. Il commença par nous dire le scénario de sa pièce. Tout à coup, la porte s'ouvrit, et mademoiselle Florentine, qui venait de jouer Célimène, entra et me dit tout haut :

— J'ai perdu mon amoureux.

— Qu'est-ce que cela, votre amoureux ?

— Le voilà !

Et elle se jeta dans les bras du jeune poète.

— Voyez-vous ce chercheur de rimes ! Il a quitté sa stalle d'orchestre quand j'étais encore en scène. Je le voue aux dieux infernaux. Il m'a écrit un sonnet pour me dire qu'il m'adorait, mais je vais donner son sonnet à mon habilleuse pour se faire des papillotes.

— Et ce sera bien fait, dit le jeune poète.

Mais il joignit les mains pour demander grâce.

— Songez, mademoiselle, que j'ai fait une comédie, qu'il y a un beau rôle pour vous, et que je voulais voir Arsène Houssaye avant la fin du spectacle.

— La cause est entendue, dis-je ; allez-vous-en chacun chez vous, ou faites mieux si cela vous amuse.

Il paraît que cela les amusa, puisqu'ils s'en allèrent bras dessus bras dessous jusqu'à la loge de mademoiselle Florentine, pendant que Hetzel et moi nous allions rejoindre Alfred de Musset au café de la Régence. Tout en causant de ceci et de cela, nous parlâmes du poète et de mademoiselle Florentine.

— En voilà encore un, dit Alfred de Musset, qui va passer un mauvais quart d'heure avec cette gaillarde-là.

— La connaissez-vous bien ? dis-je à Alfred de Musset.

— Je ne la connais que trop ; elle m'a fait damner pendant six semaines ; c'était des feux de joie, c'était des feux d'enfer. Il faut bien le dire, elle a toutes les éloquences de la passion, mais le ciel de ses amours ne renferme que des orages.

Nous en étions là, quand Fantasio apparut au café.

— Eh bien? lui demanda Hetzel.

— Eh bien! elle m'a mis à la porte.

— Mon jeune ami, dit Alfred de Musset, voilà une bonne fortune pour vous ; cette mise à la porte vous donnera l'idée de passer par la fenêtre, c'est-à-dire que vous allez devenir éperdument amoureux de la comédienne.

— Je vous avoue que je voudrais bien être dans son jeu, ne fût-ce que pendant huit jours.

— Savez-vous comment on la prend? Tout simplement par des lettres qui flambent. Ah! par exemple, il ne faut pas lui chanter des chansons connues. Elle a été à l'école de la passion, elle éclaterait de rire si vous lui écriviez comme tout le monde. Du reste, elle pourrait vous donner des leçons : elle a lu

toutes les épistolières, mais elle les dépasse.
A côté d'elle, madame de Sévigné n'est qu'une
griffonneuse.

— Je vous remercie de la leçon.

— Oui, oui, dit Hetzel, un amoureux averti
en vaut quatre.

En ce temps-là, je voyais presque tous les
jours Fantasio et Florentine ; le Comité de
lecture avait reçu *Prospero*, une petite comédie qui ressemblait beaucoup à la manière
d'Alfred de Musset. Florentine, qui aimait
la causerie, parce qu'elle aimait le jeu des
mots, venait souvent dans mon cabinet pour
rencontrer les beaux discoureurs qui daignaient fumer mes cigarettes. Elle me confia
ce que tout le monde savait, c'est-à-dire l'histoire de ses amours. Si je la raconte, cette
histoire, je ne suis pas bien indiscret, car,
dans son boudoir, la comédienne avait appendu son portrait en face de celui de Fantasio. En même temps, elle avait écrit le portrait à la plume de son amant et d'elle-même

dans un petit livre à fermoir d'or, où elle avait pareillement peint à la plume Alfred de Musset, Emile Augier, Niewerkerke, qui avait sculpté son buste, Feuillet, un autre de ses amoureux, qui ne passait jamais devant le Théâtre-Français sans un violent battement de cœur :

« Quand je connus Fantasio il était déjà le féministe qui devait jeter le trouble dans toutes les imaginations, le tentateur dont la visionnaire beauté menaçait de tenir en échec les consciences les mieux affermies dans le devoir ; l'ironique dédaigneux dont le nom rendait les jeunes femmes toutes pensives ; le hautain et le mélancolique dont elles chantaient les vers, toutes seules, à leur piano, dont elles écoutaient l'histoire romanesque, dont elles aimaient à écrire le nom parmi les vélins parfumés, l'envoûteur enfin dont chaque mari se sentait menacé, même celui qui se croyait le mieux assis dans sa sécurité conjugale.

» Sans le savoir, j'aimais déjà Fantasio arrivé tout rayonnant de sa province, un volume de poésies sous le bras, volume tout imprégné du parfum sauvage de ses bois, cherchant la célébrité, absolument comme s'il n'avait pas eu dans ses armes le blason d'une très vieille famille. Car il avait la race, ce blond Fantasio, la race qui lui faisait la main plus petite, le pied mieux cambré, le sang plus bleu, courant à fleur de peau, sous l'épiderme satiné d'une joue très pâle autour de laquelle frissonnait l'or d'une barbe vaporeuse, enveloppant la bouche de spiritualité. Le nez à courbure d'aiglon, aux minces et frémissantes ailes, aspirait voluptueusement les parfums terrestres, trahissait son impérieuse volonté.

» Dans l'azur de l'œil, il y avait l'attraction des lacs mystérieux où venaient s'abîmer, un beau jour de folie, toutes les suprêmes résistances. Grand, mince, fier, l'attitude en lui serait vite devenue altière, si l'air de tête ne l'avait atténuée par une nuance de bonté où l'on sentait le cœur de Fantasio remonter à la surface de son esprit. Vêtu d'une jaquette de velours, dans laquelle sa taille apparaissait mieux cambrée, la batiste de la chemise plissée piquait une ligne de lumière sur la sombreur du vêtement ; une de ses mains jouait machinalement avec le chaton d'une bague passée à l'annulaire de l'autre ; portant l'inflexion du cou un peu à gauche, ce qui lui mettait du soleil dans la tête, il avait alors, en regardant les femmes, cet air souverainement impertinent ou cravacheur dont les plus révoltées subissaient l'indomptable pouvoir, dont les plus sages frémissaient malgré elles, mais dont les dédaignées ne se consolaient jamais. D'avance, on se disait que de Fantasio naîtraient les inguérissables blessures, les mortels oublis, les destinées brisées ; et pourtant elles y couraient toutes, les voluptueuses et les froides, les unes par le choc soudain de l'amour, les autres par cet attrait de curiosité perverse sur lequel Bossuet a tenté en vain de jeter ses foudres. Car Fantasio était, il faut bien le reconnaître, celui que veulent anathématiser à tout prix les confesseurs, les orateurs de l'Évangile, tant ils le pressentent dangereux sur le passage des épouses et des vierges.

» Et pourtant, gardons-nous de croire que ce fut un malfaisant ; la vraie passion, en égarant sa pointe de feu dans les âmes, préserve de toute souillure. Il y a dans son essence même quelque chose qui l'empêche de sombrer dans la matière. Fantasio était trop modelé à l'image d'une admirable mère, pour ne pas reconnaître de temps à autre l'auguste caractère de la vertu. S'il y croyait peu, ayant en cela de très spécieux arguments, il était le premier à s'incliner devant celle qui se retranche, toute meurtrie et toute blessée qu'elle soit par la tentation, dans la tour d'ivoire de sa pureté et de sa foi au bien. C'était un diable à quatre, ce n'était pas un athée. Très indépendant d'esprit, il conservait à son insu, peut-être, ce christianisme de sentiment dont l'avait imprégné, tout enfant, celle qui, la première, avait joint ses mains et fait ployer ses genoux devant le symbole sacré du Sauveur.

» Elle lui avait mis aux lèvres l'avant-goût des choses divines, et j'ai lieu de croire qu'il en gardait le tourment même aux heures les plus dévorantes, alors que l'on disait de lui, comme de Musset :

» Quel est donc ce jeune homme qui s'inquiète tant de la blancheur des marbres ? »

» Ah! c'est que, sous l'élan de sa fougueuse nature, le marbre s'était fait chair pour le poète ; les gorges les plus marmoréennes avaient frissonné, les bras s'étaient ouverts et refermés sur lui, les syllabes évocatrices avaient descellé les lèvres rigidement fermées, la vie, la vie orageuse l'avait étreint dans son spasme immense.

» Comment ne se seraient-ils pas pressentis

et cherchés, lui le poète, et Florentine la grande comédienne ? Ces deux audacieux, ces deux superbes devaient se rejoindre de par la toute omnipotence des affinités. »

Devant ce portrait beaucoup trop flatté, peint par la plume de Florentine, je placerai comme vis-à-vis le portrait de la comédienne :

Elle était la Célimène et la servante de Molière, une servante faite de caprice et de tempête, une servante qui cassait la vaisselle et défendait d'un peu trop près l'approche de son maître, qu'elle voulait tout à elle et duquel son orgueil qui touchait aux cimes aurait souhaité être la seule confidente, la dernière amie. Florentine disait, en s'emparant du cœur de Fantasio :

— Moi seule, et c'est assez. C'est assez, car j'ai l'esprit qui rayonne, la royauté qui enchaîne, le cœur qui subjugue, l'imagination qui emporte à travers les espaces et permet au temps de n'être qu'une fiction, puisqu'avec moi mon Fantasio est toujours le beau et radieux Fantasio sur lequel la destinée n'a point de prise.

Et ils s'aimaient, elle et lui, sous l'aiguillon des folles caresses, se quittant et se reprenant aussi vite, bras aussitôt glacés que réenlacés, oubliant tout quand ils étaient ensemble, si bien que l'on aurait cru qu'ils ne se séparaient que pour la volupté de se reprendre.

Heures bénies, heures triomphales des jeunesses fécondes où l'homme se chante à lui-même ce qu'il y a de plus beau, où la femme incorpore en elle le merveilleux poème que la vie ne donne qu'une fois.

Florentine avait tout de suite emporté Fantasio, devinant bien qu'on le lui disputerait chaudement ; mais la nature prévoyante ne lui avait pas ménagé les armes agressives et défensives. Il fallait la voir, donnant des coups d'estoc et de taille dès qu'une de ses camarades, un peu mal avisée, avait la témérité de se montrer à côté du poète.

— Mon cher amour, lui disait-elle, vous me trompez que c'est une bénédiction.

Il est juste de reconnaître que, sous ce rapport, elle était encore au-dessous du vrai. Alors, la fureur la transformait en une Hermione rageuse d'une beauté presque farouche. La comédienne faisait un bond dans le domaine de la tragédie.

— Les hommes comme vous, disait-elle à Fantasio, s'ils devenaient des femmes seraient les plus grandes gueuses de la terre !

D'autres fois, sa voix s'attendrissait dans un accès de grâce féline :

— Dis-moi encore, dis-moi toujours ce que tu sais, dont je ne me lasserai jamais !... J'ai du théâtre plein la tête... et de toi plein le cœur !

Lorsque les tournées de la Comédie forçaient Florentine à s'exiler de Paris, elle prenait sa petite plume d'aigle qui courait incisive, aiguë, tellement mordante qu'aucune de celles qu'elle éraflait en passant ne se relevait de la blessure. Elle faisait plus que d'égratigner : elle imprimait, avec une cruauté de tigresse, ses ongles dans la chair vive ; mais les grandes épistolières des dix-septième et dix-huitième siècles, les Sévigné, les La Fayette, les Lespinasse pâlissaient un peu à côté d'elle. Comme Sophie Arnould, Florentine aurait pu alimenter quotidiennement trois ou quatre journaux parisiens avec ses phrases à l'emporte-pièce et ses mots qui sentaient la poudre. Ce sont les voyages, ce sont les séparations qui font les grandes artistes en écriture. Une femme peut toujours se trouver à portée des lèvres de son amant, mais combien sont à la hauteur de l'esprit ou du génie de ceux qui les possèdent ?

La secte des jaloux est faite pour se jeter en travers des poétiques et brûlantes amours. Fantasio aimait aussi éperdument Florentine, mais il ne s'emprisonnait pas dans cette liaison et les reproches lui arrivaient en phrases meurtrières qui menaçaient de mettre l'irréparable entre eux. Cependant, on aurait dit que plus leurs querelles se faisaient amères, plus ils reprenaient goût l'un à l'autre. « Il fallait moi pour te comprendre, comme il fallait toi pour m'aimer, » lui écrivait la comédienne.

Et Fantasio lui répondait :

« Si vous n'avez rien oublié, madame... Viens me prendre ou viens me dire bonsoir. »

Mais cette « jalouse à tout tuer », comme l'appelait son amant, ne tardait pas à repartir en guerre. De Bordeaux où elle avait joué une pièce du répertoire, elle disait à Fantasio :

« Vous devriez avoir, comme Mardochée, la tête couverte d'un sac de cendres. »

Puis elle s'adoucissait :

« On m'a dit d'être bien fière et je le suis aussi, puisque je reporte à vous tous mes succès. »

Et comme elle redevenait caressante en lui demandant une lettre dont elle respirait l'odeur tout un jour, comme si elle eût aspiré l'essence d'âme de son ami absent :

« Hélas ! il faut que tout s'évanouisse, c'est la fin des plus beaux rêves. »

II

Le roman de Fantasio et de Florentine ne dura que ce que durent les roses.

Mais il y a tantôt vingt ans, la célèbre Florentine, se voyant déjà dans l'autre monde, appela à son lit de mort son cher Fantasio. Les deux amoureux se regardèrent avec effroi, se reconnaissant à peine, puisque si longtemps s'était passé depuis cette fulgurante passion qui les avait jetés dans les bras l'un de l'autre. Ils s'embrassèrent pourtant, mais non plus avec cette belle étreinte qui avait marié leur jeunesse. Après quelques paroles sur le présent, on se rejeta sur le passé comme si on dût y retrouver les fraîches émanations de 1850, où on s'était aimé à en mourir. Ils revécurent dans cette aurore poétique qui leur avait donné tant de joies, même la volupté des larmes.

— Quoi ! c'est vous !

— Quoi ! c'est toi ! Nous aurions dû mourir sans nous revoir.

— Qu'importe, puisque tu es belle toujours !

— Chut ! ne profanons pas cette heure, qui est ma dernière heure, par de vains compliments.

Florentine prit la main de Fantasio :

— Embrasse-moi, si tu l'oses.

Elle avait toujours raillé, même dans ses jours de tristesse, même dans ses heures de passion.

On s'embrassa et on se réembrassa. Mais ce n'étaient plus deux corps, c'étaient deux âmes à demi envolées, battant de l'aile comme deux oiseaux blessés. La mort, l'odieuse chasseresse, les avait atteints en plein cœur.

— Monsieur mon ci-devant adorateur, je dois vous dire, à cette heure suprême, que vous fûtes le plus aimé.

— Un peu plus, un peu moins, qu'importe,

puisque nous avons eu nos heures adorables ; remercions les dieux de notre rencontre dans les plus belles années de la vie.

— Oui, remercions les dieux, puisqu'ils nous ont donné le souvenir, puisque là-haut, dans l'autre monde, nous nous souviendrons encore.

— Oh ! oui, nous nous souviendrons.

— Sais-tu pourquoi je t'ai appelé ? C'est pour te remettre tes lettres, que j'ai toujours relues dans mes heures tristes, comme pour me donner encore le courage de vivre.

Et, disant ces mots, Florentine prit sous son oreiller deux à trois cents lettres entourées d'un ruban mauve.

— Que veux-tu que je fasse de tout ce griffonnage ? As-tu là un brûle-parfum ?

— Mais il y a du feu dans la cheminée.

Il prit les lettres pour les faire flamber.

— Encore un instant, dit-elle.

Et ressaisissant les lettres :

— A propos, j'espère que tu m'as rapporté les miennes.

— Oui, lui dit Fantasio, lui montrant un petit volume très artistement relié en peau de chagrin.

Florentine feuilleta silencieusement le petit livre.

— Est-ce possible! dit-elle après un silence. Quoi! je t'ai aimé tant que ça! Ah! c'était le beau temps! Nous avions perdu la tête, toi comme moi.

— Oui, comme je disais alors, tu m'avais dépeuplé l'univers de femmes. Toi seule!

— Toi seul! répéta la comédienne. Écoute, ce serait un crime de brûler ces autographes qui sont l'expression d'un amour inouï. Je vais te donner tes lettres, tu les feras relier avec les miennes. Et comme tu me survivras, toi qui es toujours jeune, toi qui braves le temps, tu feuilleteras le petit livre en disant : « Elle est là! » Ce qui te dispensera d'aller au cimetière.

— Tu as raison, murmura Fantasio : non, non, il ne faut pas brûler tes lettres, ni les miennes. Notre passion a fait du bruit ; prouvons aux matérialistes que dans notre temps on savait aimer, parce que dans notre temps on croyait encore à Dieu.

La comédienne ne survécut guère à ce dernier rendez-vous, et mon ami Fantasio la suivit de près chez les morts.

Je vais donner ici, selon le vœu des deux amants, quelques-unes de ces lettres. Quand l'amour s'élève à ces hauteurs dans le bleu, il est purifié comme s'il eût traversé le septième ciel. Une dernière fois ces lettres brûleront. Après quoi, elles ne seront plus qu'un peu de cendre.

Nous débutons en pleine passion.

. . . .

« Je suis jalouse, jalouse.

» Sais-tu ce que c'est ?

» Sait-on qu'avec cela la vie est impossible et qu'il faut se tuer, oui, se tuer — ou tuer ?

» Je la hais, cette demoiselle aux yeux faux qui n'aime pas vous regarder en face.

» Je hais cette femme, dont les chairs portent encore la trace des embrassements que je rêvais.

» Je voudrais la presser si fort contre ma poitrine que sa frêle existence s'éteignît seulement au contact des battements de mon cœur pour lui.

» Je la jetterais ensuite dans le passé, ce gouffre toujours béant où s'engloutissent toutes choses oubliées.

» Et je l'aimerais tant, qu'il ne regretterait rien. »

A chaque instant, cet amour était brisé, car si Fantasio avait eu une maîtresse avant Florentine, la comédienne avait eu un amant avant Fantasio, ainsi que le témoigne cette lettre du baron de Marcy à Florentine. Pourquoi ne pas dire tout de suite que cet amant qu'elle n'aimait plus était le petit-fils d'un grand homme d'État, ami de Robespierre, le baron de Marcy? Encore un de ceux que poussait la passion jusqu'à la mort.

. . . .

« Ma chère Florentine, au moment de rompre et de renoncer pour toujours aux chères espérances que j'avais de vivre avec vous, je vous demande de bien réfléchir et de consulter votre cœur sans vous laisser conduire par votre imagination, qui, vous le savez, vous entraîne loin quelquefois.

» J'ai eu contre moi, je le sais, des rêveries que vous-même oublierez bien vite si vous voulez et si vous revenez de bonne foi dans la vie honnête où je vous ai vue toujours marcher. »

Le baron de Marcy attendit, brave comme l'épée ; il ne se décida pourtant point à ressaisir la belle vision qui le fuyait. Il eût été curieux pour un psychologue de voir une des rencontres des deux rivaux : Fantasio et Marcy, car leurs yeux ne jetaient pas des regards, mais des éclairs. Après ses heures de colère, le baron retombait dans la somnolence de l'incertitude. Aussi laisse-t-il échapper ce lamento qui peint bien son désespoir :

. . . .

« Ma vie est desséchée, les cris du désespoir sont mes seuls accents que peut contre l'avenir ma raison impuissante. Aucun bonheur ne pourra plus toucher mon âme épuisée, ma jeunesse ne se réchauffera plus aux rayons de l'espérance ; au secours de ma douleur, il n'est plus qu'un refuge : la mort. »

Deux fois on arrêta les conditions du duel entre le baron de Marcy et Fantasio ; mais deux fois Florentine eut l'art d'empêcher la rencontre entre les deux amants. La seconde fois, elle arriva, toute vêtue de noir et tout échevelée, pour séparer les combattants, promettant tout ce qu'on voulait, jurant qu'elle se jetterait entre les deux épées.

III

La moralité de tout ceci, c'est qu'elle continuait à s'égarer entre le poète et le baron. Un jour, qu'elle était décidée à rompre avec Fantasio, elle lui écrivit :

. . . .

« C'est le cœur désolé que je vous écris ceci, que j'ai pesé. Je ne reviendrai sur rien de ce que je vais vous dire — quelque déchirement que cela me cause, quelque tristesse que vous en ressentiez. Nous avons été deux fous ; le premier réveillé, c'est moi — parce que peut-être j'étais la plus folle.

» L'amour à deux est le plus charmant rêve du ciel. Dieu l'envoie sans doute à ceux-là qui l'ont gagné par quelque estime honnête ou glorieuse. Nous, pauvres pécheresses déshéritées de ce divin bonheur, l'amour à quatre nous est seulement permis, amour triste ou caché. Je ne veux point encore vous en démontrer l'absurde et l'odieux, plus que moi vous avez assez de cœur dans l'esprit pour l'apprécier. Vous chercherez sans doute d'où me vient ce retour subit à des sentiments que votre adorable amour avait fait naître chez moi ; ne cherchez pas. C'est tout simplement, comme je vous l'ai dit, le retour à la sagesse.

. . . .

» Adieu, plus de rêves, plus de soleil, plus d'amour, plus de jeunesse. L'avenir est fermé, il ne reste plus rien, rien que le souvenir et les larmes. Adieu ! »

Elle voguait toujours entre deux courants ; voyez plutôt ce retour vers Fantasio :

. . . .

« Je suis triste et je pleure, pauvre folle qui ai mis tout mon esprit dans un poète. Se souvient-il seulement de mes yeux à cette heure ?

» Je sais un petit coin où le ciel est tout bleu, le gazon toujours vert. Il y a de grands saules qui pleurent quand soupire le vent et de grands bois mystérieux dans lesquels se juche une maison, hutte bien-aimée, cachée par l'aubépine rose et blanche. C'est là que je suis née, c'est là que je voudrais t'aimer. Pour y aller avec toi, je marcherais pieds nus..

. . . .

» Suffit-il de t'aimer pour être heureux, mon doux ami que je regrette ?

» Nous sommes comme deux voyageurs réunis pour la même route, pour le même but, pour la même sympathie, et dont l'un est forcé de prendre à gauche tandis que l'autre va à droite.

» Alors seulement reste le souvenir et c'est alors que je cours m'enfermer dans ma chambrette en croisant mes bras sur mon cœur pour qu'il ne m'échappe pas. Il répète au dedans mes chants d'amour comme une prière à Dieu recueillie et consolante. »

Nous retrouvons bientôt Florentine à Bordeaux, où l'amour de la renommée remplace, pendant un temps, l'amour de l'amour.

. . . .

« Va, petit papier blanc — dernière page du livre — retourne à lui et dis-lui que je l'aimais à en mourir, et que pour ne pas en mourir, il m'a fallu me jeter de Charybde en Scylla.

» Mensonge, monsonge ! il n'aimait pas celui qui n'aime plus !

» J'ai joué — bien peu d'argent, hélas ! la salle pleine des abonnés — et un succès absurde — fou. J'ai été inondée de fleurs, l'enthousiasme est à son comble, comme on dit. Pour aujourd'hui je ne dis que cela et un peu que je t'aime.

» J'ai fait une sottise tout récemment, et réduit au moins de dix le nombre des bouquets qu'on me jette. C'était chez le roi d'Aquitaine, à Girouville. Au moment où il allait me cueillir une rose, je m'écriai : « Arrêtez ! pauvre petite fleur, qu'a-t-elle fait ? Je ne veux pas causer de mort ; autant j'aime une fleur sur sa tige, autant je suis peinée de la voir se flétrir et passer dans mes mains. »

De Bordeaux, Florentine part pour Turin, où l'appelle un engagement superbe :

. . . .

« J'ai joué, hier, mon cher bien-aimé, et les succès de Bordeaux sont dépassés. J'ai déjà ma petite cour, mais ne t'en effraye pas. M. Ferdinand Barrot est venu me voir dans la coulisse, et tout le corps diplomatique passe son temps chez moi.

» Madame X... peut prendre mes rôles et Plouvier les lui donner. Elle aura toujours sa vieille taille et moi mes dents. Et quand je ne les aurai plus, je ne mordrai plus, c'est vrai ; mais j'ai du temps devant moi.

. . . .

» J'ai reçu tes lettres, cher bien-aimé ; elles passent les montagnes sans perdre le parfum que j'aime — elles traversent les sauvages, les Savoyards, les indifférents pour venir à moi, qui les attends avec tant d'impatience, ces bonnes chères petites lettres qui savent si bien me remuer. Tu ne sais pas, quand tu les lances dans l'espace, quel grand rôle le hasard leur a donné dans ma vie.

» Les Italiens ne me plaisent guère. D'abord tu sais si je suis parfaite. Je te l'ai assez souvent dit pour que tu en sois convaincu. Eh bien! je suis dépassée par ces messieurs. Ils ont deux langues de plus que moi. L'italien et le piémontais s'entend. Il m'en reste toujours une, il est vrai, dont je me sers comme quatre et qui pourrait bien rabattre leur caquet; mais c'est égal, je suis humiliée, je voudrais tant te dire : « Io amo! » Mais bah! allons-y à la bonne franquette, je t'aime !

. . . .

» Je plaisante, et je n'en ai pas envie. Je suis triste à mourir. Je te regrette et je regrette davantage de vivre. Je ne sais de quel côté me tourner pour trouver dans le ciel l'astre malfaisant qui préside à ma destinée.

» Je suis bâtie d'une façon alarmante pour ma sûreté et celle des autres. Je rêve l'inconnu, je souhaite ce que je connais et les deux ne s'accordent point. Il n'est rien qui puisse me plaire une heure hors ton amour, et encore voudrais-je monter en ballon l'un portant l'autre, ton amour et moi, pour nous envoler dans des régions ignorées. »

Cependant la jalousie de Florentine était restée à Paris. Mais si Fantasio n'avait peur de rien, Florentine s'amusait de tout, abritée, comme elle le disait, par l'éventail des Alpes :

« Mon cher amour, vous me trompez abominablement, mais je vous pardonne en l'oubliant, et puis, comme j'ai déjà eu l'honneur de vous le dire, vous êtes assez puni, — vos *objets* ne me valent pas, à beaucoup près ; moi je vous aime toujours ; c'est, d'ailleurs, un parti pris. On me dit d'être bien fière, et je le suis vraiment. Soyez-le aussi, puisque je reporte à vous tous mes succès. »

IV

Combien de lettres amoureuses que je ne donne pas ici parce que je suis forcé de passer rapidement à travers les histoires romanesques qui ne sont pourtant pas du roman. Que si on voulait quelques élans de passion de Fantasio dans ses heures d'affolement, on lirait quelques-unes des cent lettres que Florentine avait conservées de son terrible ami : on va voir que l'amant et la maîtresse pouvaient se comprendre, puisqu'ils écrivaient tous les deux dans le même style. Voyez plutôt ces pages de Fantasio :

. . . .

« O Cléopâtre ! L'autre buvait des perles ; toi, tu bois des larmes. Ta coupe enchantée est taillée dans le marbre d'une tombe antique.

» J'ai dans mon cœur une vigne que le soleil a dorée en la frappant à l'heure de la rosée. Chaque fois que tu me blesses au cœur, les grappes s'ouvrent et versent des larmes dans ta coupe de marbre sépulcral.

» Et tu bois avec volupté et tu t'enivres avec fureur de ce vin qui est ma vie, ma joie, ma douleur, ma poésie, mon âme.

» Pourquoi as-tu de beaux yeux d'outre-mer qui sont toujours là — yeux de serpent qui donnent le vertige, yeux que je n'ai vus qu'à toi, yeux de Sphinx et de Sybille

» Dis-moi pourquoi ton âme ne met jamais la tête à la fenêtre, quand je suis là ? Craint-elle donc de m'effrayer par sa force ou de se laisser surprendre dans sa faiblesse ?

» Va ! je suis plus fort que toi, parce que j'ai dompté ma force elle-même pour la jeter à tes pieds ; parce que je t'ai plus aimée que moi ; au point que si je pouvais me supprimer pour devenir un des mille rayonnements de ton âme, je le ferais sans jeter un regard en arrière.

» Toi, tu m'aimes par curiosité.

» Je disais Cléopâtre pour commencer, je finis en disant Ève.

» Finir ! Jamais. Qui que tu sois, je t'aime et je suis heureux de mon malheur.

» Où es-tu ? Je dis à mon âme : — Ame, ma sœur âme, ne vois-tu rien venir ?

. . . .

» Comme je suis heureux de t'aimer et de te le dire — et de me le dire surtout. C'est là ma plus belle chanson. Si tu savais, chère, douce et odorante — comme un fruit d'espalier — si tu savais quel charme adorable verse ta bouche quand tu l'ouvres pour la fermer sur la mienne. Je n'ai jamais trouvé tant de parfum en coupant une pêche sous mes dents.

» Sais-tu que ton âme est un Alhambra où je découvre tous les jours une beauté, où je veux toujours promener mes rêves radieux qui n'avaient jamais trouvé que des masures. Quelle folie charmante que l'amour, et que je suis sage de t'aimer si follement, ô mon affolée !

» J'ouvre mes lèvres — ferme les tiennes, si tu l'oses.

. . . .

» Bonsoir, mon cher amour ; comment portes-tu la couronne de folies ? car il paraît que tu deviens une Ophélie échevelée.

» Autre temps, autre amant. Quand nous

aurons bien couru le monde, nous nous apercevrons peut-être que ce n'était pas la peine de faire tant de chemin pour quitter mieux que ce que nous trouverons ailleurs. Mais moi je te l'ai dit, ce que j'aime dans une femme, c'est l'amour qu'elle a pour moi et non l'amour qu'elle a pour un autre.

. . . .

» Plus je te vois, plus je t'aime ; *partant*, ne veult plus. A quoi bon? Vous m'appelez votre ami : je ne donne pas dans l'amitié des femmes — la vôtre m'est impossible. Si vous aviez su quel cœur battait entre vos mains !

» Je ne suis pas né pour les grands désespoirs. Dieu merci, j'ai trouvé toujours à propos une femme qui m'a consolé soit pour le nouveau de l'aventure, soit pour la curiosité, soit pour l'amour lui-même.

» Adieu donc, point d'amitié. Aujourd'hui, nous nous sommes aimés cinq minutes : c'est cinq minutes de trop! »

On pourrait donner beaucoup d'autres autographes de ces deux plumes emportées par toutes les folies de l'amour. Je voulais indiquer dans ce roman par lettres comment on se montait la tête et le cœur dans ce temps-là. Je ne crois pas qu'aujourd'hui on donne mieux la réplique à son partenaire dans le jeu de l'amour qui sera toujours le jeu du hasard.

Il y eut bien encore des rapapillotages, mais on avait sauté par-dessus les haies du palais enchanté. On n'eût pas retrouvé les divines ivresses de la première saison. Ce fut donc un sage, ce Fantasio, quand il s'arracha le premier à cette adorable folie qui menaçait de passer du printemps à l'hiver. Ces violentes amours ne durent qu'une heure. Quand on a cueilli l'heure, il faut héroïquement fermer le livre vécu.

Le croirait-on, tout ce style flambant, toutes ces échappées vers l'infini, toutes ces aspirations vers l'âme du beau, tout cet amour enfin qui ne touchait pas la terre et qu'on croyait déjà enraciné dans le ciel, devait tomber dans le néant pire que la mort.

Bien plus, à moins d'un an de là, l'amoureuse, qui naguère se nourrissait de larmes et qui jurait ne jamais boire d'autre rosée, était entrée dans une conjuration qui se formait alors contre son Fantasio, devenu un personnage de l'Etat. Elle fut parmi les plus acharnés à sa chute, ce qui rappelle ce mot d'un ancien Grec sur l'amour :

« L'amour, prenez garde, c'est une arme à deux tranchants. »

XV

LA LISETTE DE BÉRANGER

I

Enfin, Béranger revient sur la scène ; on va le chanter partout.

Béranger ! — M. de Béranger, s'il vous plaît — fut célèbre pendant les cinquante premières années du siècle et oublié pendant le reste du temps. Mais, grâce à Dieu, ou plutôt grâce à la poésie, grâce au génie de cet autre Horace sans le savoir, il est de ceux qui reviennent. Pour les gens qui se moquent de cette grande capricieuse, la mode, il est moins oublié qu'on ne le croit. C'est une vraie joie pour les esprits bien doués de lire dans Béranger l'histoire de tout un demi-siècle. Pas une chanson de Béranger qui ne peigne les héroïsmes, les aspirations, les folies, toutes les pages d'un temps déjà si loin de nous, mais qui restera la période la plus éclatante de notre histoire.

Avant de saluer la Lisette par un souvenir sympathique, saluons d'abord en Béranger le philosophe et le poète, comme le disait un de ses contemporains, dans une séance solennelle de l'Académie :

« Je crois voir, en notre Béranger, quelque chose de Diogène, ce philosophe, orgueilleux de sa pauvreté indépendante, ne demandant au plus puissant des rois que de ne pas lui ôter son soleil, et occupé toute sa vie à regarder dans le cœur de l'homme avec une curiosité d'observateur satirique. Aussi, les plus fortes saillies de Béranger sont encore des peintures de mœurs, ou même de hautes leçons. Dans le nombre des premières, on peut compter le *Sénateur*, qui dérida le front sévère de Napoléon, au temps de ses plus grands embarras. Dans la catégorie des secondes, il faut ranger le *Roi d'Yvetot*, censure aussi vive que généreuse et gaie du conquérant qui donnait alors des lois à l'Europe. Seul au milieu de cette Europe qui se taisait devant un autre Cyrus ou un autre Alexandre, un simple chansonnier, commis dans un bureau du gouvernement, osa faire la critique du prince guerrier. La nation entière applaudit à la plaisanterie charmante et philosophique du *Roi d'Yvetot*. C'est par la chanson du *Roi d'Yvetot* que la France fit connaissance avec Béranger. »

Ainsi parlait l'historien Tissot. Et pour péroraison, croyant exprimer la pensée de toute l'Académie, il disait que, malgré lui, il fallait faire de Béranger un académicien, tout en le dispensant des visites obligatoires.

— Comment donc, s'écria M. de Montalembert en se moquant, nous donnons notre voix à la Lisette de Béranger elle-même.

En fin de compte, Béranger récalcitrant fut élu au *41ᵉ fauteuil*.

On se rappelle peut-être encore ma chanson : *Béranger à l'Académie*, qui lui fut attribuée, et qu'il trouva dans son style, puisqu'il me dit en m'embrassant : « La chanson est-elle de vous ou de moi ? »

> Vos verts rameaux ceignent des fronts moroses !
> Il ne faut pas les toucher de trop près.
> Je veux mourir en respirant des roses,
> Et vos lauriers ressemblent aux cyprès.
> Roseau chantant, déjà ma tête plie,
> Laissez-moi l'air, laissez-moi l'horizon !
> Immortel, moi ! Mais chut ! la mort m'oublie.
> Si vous alliez lui montrer ma maison !

Celui ou celle qui chanterait sur un théâtre ou dans un casino les chansons de Béranger, avec un conférencier qui leur donnerait à toutes leur page d'histoire, serait bien sûr d'un brillant succès. Mais parlons de la

Lisette. Elle se nommait mademoiselle Judith. C'est Béranger qui lui donna le nom de Lisette, comme s'il eût cherché une rime à Grisette. J'ai déjeuné quatre fois chez Béranger, qui a bien voulu dîner deux fois chez moi, quand nous étions voisins à Beaujon. La seconde fois, j'avais presque décidé Lisette à être du dîner, comme une maîtresse légitime qu'elle était. Il ne manquait guère que les sacrements à cette union. Certes, ceux-là n'eussent jamais divorcé, tant c'étaient deux braves cœurs allumés l'un par l'autre. Lisette chantait les chansons de Béranger. Ç'avait été la Muse du chansonnier. Elle avait eu quelque beauté et beaucoup de charmes. Je lui dis qu'on reconnaissait bien en elle la Muse du poète.

— Oh la Muse ! non, me répondit-elle ; mais j'étais souvent son dictionnaire de rimes.

Elle était mieux que cela, elle était sa cuisinière. Même les grands jours, quand il y avait deux amis à la table, c'était elle qui veillait au menu; les pigeons plus souvent que les perdreaux étaient fricassés par elle. D'ailleurs, elle mettait la main à tout, pour que tout fût exquis. Un jour que je déjeunais en compagnie de Lamennais, je commençai un toast à Lisette que le philosophe chrétien acheva éloquemment; après quoi, Béranger fit un éloge de la femme qui méritait d'être recueilli pour les leçons de littérature.

Le pauvre Béranger, qui n'avait rien à faire, n'eut jamais de loisirs que dans ses jours de prisonnier. Cet homme, qui avait si peu d'argent, était la proie de tous les mendiants à domicile. Quand il ne pouvait rien donner, il écrivait pour ces « corbeaux » des lettres de recommandation adressées à ses amis plus ou moins riches. Comme il n'y avait point d'antichambre chez lui, ces mendiants restaient dans l'escalier; il quitta bien un peu pour cela sa retraite de Beaujon.

Dans un de mes derniers déjeuners chez Béranger, il arriva ceci : comme la salle à manger était toute petite, on ouvrit la fenêtre pour respirer mieux ; mais bientôt le froid saisit mademoiselle Judith. Béranger lui dit :

— Jetez donc votre pèlerine sur vos épaules.

— Ma pèlerine ? répondit mélancoliquement la Lisette.

— Voulez-vous que j'aille vous la chercher ?

— Inutile, car elle n'est plus dans ma chambre.

— Où l'avez-vous mise ?

— Tout à l'heure, je l'ai mise sur le dos de cette pauvre femme qui manque de tout.

— Eh bien ! et vous, dit Lamennais touché au cœur, comme je l'étais moi-même !

— Moi, mon cher monsieur Lamennais, si vous saviez comme je sais me passer de tout, quand je vois la misère des autres. Béranger fera une chanson de plus, le paresseux.

Mademoiselle Judith, toute bonne qu'elle fût, a plus d'une fois fermé la porte au nez à ces mendiants qui apparaissaient toujours à l'heure des repas.

Les mendiants à domicile ont été une des plaies de ce galant homme qui avait si peu et qui donnait tout.

Son ami le roi-citoyen avait parlé de le faire riche, c'est-à-dire de lui octroyer une pension de 6,000 francs ; mais Béranger se hâta de déclarer qu'il n'accepterait rien du roi. Il voulait que tout lui vînt de ses chansons. Il refusa de se mettre en campagne pour l'Académie, ce qui lui eût donné 1,200 francs de rente. On a dit qu'il avait refusé d'être pair de France ; mais on ne lui offrit pas la pairie, dont il ne voulait pas, d'ailleurs. Un jour, le bruit se répandit qu'il était nommé pair de France. Tous ses amis politiques s'indignèrent, tandis que Mesdames de la Halle, escortées des admirateurs du poète, lui portaient des bouquets sans nombre. Le lendemain, seulement, on apprit que le Bérenger qui était nommé pair de France était un Bérenger quelconque, écrivant son nom par trois e et qui ne portait pas la particule. C'est toujours le jeu railleur des destinées.

II

On ne croyait pas que ce poète, fils d'une marchande de modes, verrait ses poésies démodées comme les chapeaux de sa mère. C'est l'histoire de tous les poètes et de toutes les poésies. C'est que les Muses ne marchent pas toutes nues, comme la Vérité ; plus elles s'habillent, plus elles sont fripées : voilà pourquoi les très grands poètes, ceux-là qui dédaignent les vaines coquetteries du style, restent plus longtemps sur les sommets.

Vers 1825, nul n'avait la vision de l'avenir, pour deux poètes alors célèbres, Delavigne et Béranger. Qui eût dit alors qu'ils ne survivraient guère. Delavigne trônait dans les grands théâtres en prenant des airs byronniens, pendant que Béranger était chanté dans toute la France, depuis le Palais-Royal du duc d'Orléans, jusque dans la plus humble chaumière. Être populaire en poésie, c'est n'être rien. L'enthousiasme des rues est un feu de paille. Qu'est-ce qu'un homme politique tombé du pouvoir ? Qu'est-ce qu'un poète tombé de la mode ? On a dit qu'il en restait toujours quelque chose. Il en reste le nom.

Mais pour Béranger, « qui savait chanter avant de savoir parler », il sera le chansonnier de tous les temps.

Il n'est pas un couplet de Béranger qui ne soit, non pas un couplet, mais une strophe ailée et radieuse. Voyez plutôt :

> Cherchez au-dessus des orages,
> Tant de Français morts à propos,
> Qui, se dérobant aux outrages,
> Ont au ciel porté leurs drapeaux.
> Pour conjurer la foule qu'on irrite,
> Unissez-vous à tous ces demi-dieux.

Ah! sans regret, mon âme, partez vite,
En souriant remontez dans les cieux !
Remontez, remontez dans les cieux !

Par cette seule strophe, prise au hasard, on juge tout de suite que Béranger ne fut pas seulement un chansonnier, mais un poète. Et un poète qui vibra avec toute la France, à toutes les idées et à tous les sentiments. Ame généreuse, lèvres savantes, cet homme, si simple, avait pourtant l'orgueil de son nom. Jules Janin a dit à propos :

« Toute sa vie, il a compris qu'il était un homme considérable. A ce compte, il prenait, volontiers, partout où il se trouvait, la première place et le premier pas ; c'était même une des fêtes que sa présence : il entrait dans une maison et sans fausse modestie il se mettait naturellement à sa place, et vous n'étiez pas gêné par cette feinte humilité.

» La simplicité même de Béranger lui commandait cette bonne et loyale façon de dire aux gens : « Me voilà ! » Il écoutait bien, il parlait mieux ; sa voix était douce et sa parole lente, mais son regard était vif, son sourire malin ; c'était un vrai bonheur de saisir, à je ne sais quoi de charmant qu'il avait dans le regard, qu'il se trouvait bien en votre compagnie. Il attirait naturellement à son âme, à son esprit toutes les âmes et tous les esprits d'alentour. Sa bienveillance était active, ingénieuse, irrésistible ; on le saluait sans le connaître. »

Ce n'est pas sur le Parnasse que je fis la connaissance de Béranger : c'était dans l'omnibus qui allait du Louvre à l'Etoile et qui, grâce à la civilisation fulgurante, va beaucoup plus loin des deux côtés. Que faire en omnibus, sinon regarder ses voisins et ses voisines ? Tout en face de moi, je reconnus Béranger que je n'avais jamais vu qu'en tête de ses chansons. On était en 1852. Béranger vivait ses dernières années sans que son esprit l'abandonnât. Un air de jeunesse colorait encore sa figure plus gauloise que rabelaisienne.

Comme nous montions la rue Fortunée — aujourd'hui rue de Balzac — je le saluai en lui disant : « Monsieur de Béranger, permettez-moi de vous présenter un poète qui a chanté vos chansons. »

Il fut d'une cordialité charmante, en voulant me prouver qu'il me connaissait depuis longtemps. Je n'avais pas encore écrit les quatre strophes : *Béranger à l'Académie.*

— Tout justement, me dit-il, j'allais vous écrire, non pas pour vous demander une lecture à la Comédie-Française, mais pour vous recommander une ouvreuse de loges. On s'obstine à croire que j'ai du crédit partout.

Quelques jours après, comme Béranger passait devant le Théâtre-Français, il me dit :

— J'allais vous remercier.

— Ce n'était pas la peine, lui répondis-je.

Ma femme montait tout justement dans son coupé ; je dis à Béranger :

— Nous demeurons dans le même pays de Beaujon ; nous avons déjà voyagé ensemble ; voulez-vous une place dans mon tout petit omnibus, à côté de madame Arsène Houssaye ?

— Pourquoi dirais-je non ? répondit-il en saluant ma femme ; mais il n'y a que deux places dans votre coupé.

— Il y a une place pour moi sur le siège.

— C'est la place d'Apollon, reprit-il gracieusement.

Je le reconduisis donc chez lui. Quand il descendit à sa porte, il salua ma femme en me disant : « Voilà la poésie ! » Depuis ce jour-là, il fut l'ami de madame Arsène Houssaye, même le jour des funérailles. Il l'avait charmée dans chacune de ses visites, comme il a charmé toutes les femmes qui ont eu la vraie joie de le connaître.

XVI

LA MORT DE CHOPIN

I

Dans une crise qui annonçait la mort très prochaine, Chopin souleva la tête et murmura : « Pourquoi ne sont-elles pas encore venues ? »

Elles, c'étaient George Sand et la comtesse d'Agout, deux amoureuses du grand musicien.

Chopin semblait dire en se remettant sur l'oreiller : « Est-ce qu'elles vont me laisser mourir sans un adieu ? »

Clésinger se pencha et lui prit la main :
« Mon ami, elles viendront ; je me suis réconcilié avec George Sand pour lui faire bon visage et pour ne pas l'offenser par ma présence ici. »

A peine le sculpteur eut-il dit ces mots que la porte s'ouvrit. George Sand apparut toute blanche dans sa robe noire. Elle vint s'abattre sur le lit déjà mortuaire comme un oiseau blessé qui tombe.

Elle ne montrait jamais que les larmes de sa pensée. Ce jour-là ce furent de vraies larmes, car nul n'avait été à son cœur comme Chopin. Il avait réveillé toutes ses tendresses ; il lui parlait par ses yeux profonds comme l'abîme et bleus comme le ciel, il lui parlait surtout par son génie qui la transportait dans les mondes inaccessibles.

Ne l'a-t-on pas dit ? Rien ne pouvait donner l'idée de ce talent à la fois profond, énergique, gracieux, rêveur, poétique, toujours original.

George Sand ne dit qu'un mot à Chopin :
« Je viens te chercher. »

Chopin lui demandait depuis quelques jours à s'exiler avec elle à Nohant; non pas s'exiler, puisque c'était pour lui la terre promise.

A sa vue il se ranima comme s'il respirait encore une bouffée d'air vif. Il voulut rappeler les beaux jours, mais déjà sa voix était éteinte. Elle l'embrassa, bien plutôt comme une mère que comme une amante. Ce fut alors que la comtesse d'Agoût apparut. En ouvrant la porte, elle alla en quatre pas vers le lit de Chopin; elle embrassa George Sand et se pencha sur le moribond : « Je vous attendais toutes les deux, murmura-t-il. Pouvais-je partir sans boire vos larmes. »

Oui, des larmes, car la comtesse pleurait en embrassant le front de Chopin, front déjà glacé où la pensée n'avait plus prise. On entendait encore quelques paroles étouffées : « Nous nous retrouverons là-haut, je vais vous attendre. Vous savez bien que je crois à l'âme survivante ; n'ai-je pas chanté la mort dans la vie et la vie dans la mort ? »

Clésinger dit alors : « Non, non, mon grand ami, les hommes comme toi ne meurent ni dans la vie ni dans le ciel. Je te taillerai un marbre qui sera immortel comme tes œuvres ; mais tu échapperas à cette crise ; dans huit jours, tu seras sur pied. »

— Oui, oui, dis-moi cela, car il y a des jours où j'ai peur de la mort.

La mort, c'est le tombeau, c'est la nuit, c'est le silence. Oh ! le silence, pour un musicien qui a vécu dans ses harmonies !

II

Chopin ne mourut pas cette après-midi ; il espérait même aux heures les plus désespérées. Sur le soir, il reparla avec feu du théâtre qu'il improvisait place Vendôme où toute son œuvre eût été en jeu. Cependant, dans la nuit, il vit bien que c'en était fait.

Ses amies ne l'avaient pas quitté. Il y avait là une sœur bien-aimée qui était venue du fond de l'Allemagne ; la princesse Czartoriska, la princesse Marceline de Vienne, la princesse Potocka et madame Solange Clésinger ; deux amis de Chopin : Gutmam, son cher élève, et Clésinger, son cher artiste. Le mourant supplia la princesse Potocka de chanter le psaume de Stradella. La princesse comprit qu'il fallait bercer Chopin dans cette suprême poésie de la musique sacrée : elle se mit au piano et chanta le psaume avec des larmes dans les yeux et des larmes dans la voix.

Tout le monde pleurait, Chopin lui-même ; mais pour lui c'étaient des larmes de joie. Pendant tout le chant il avait vu apparaître les archanges de la résurrection.

Il mourut en embrassant Solange.

Ce grand musicien qui partait si jeune :

trente-neuf ans à peine, allait chercher dans un meilleur monde l'éternel printemps rêvé par les poètes.

On dit que Chopin était un musicien : moi qui l'ai entendu et qui l'ai compris, je dis que c'était un poète, car c'était son âme plutôt que ses doigts qui frappait le piano. Comme tous les esprits passionnés il a donné sa vie à l'art et à l'amour. Au lieu de conserver pieusement dans son cœur l'inspiration, il a étendu ses bras, on pourrait dire ses ailes de feu, et il a répandu à profusion toutes les flammes de la vie.

La révolution de février avait chassé Chopin en Angleterre d'où il n'était revenu que pour mourir parmi nous comme autrefois Watteau. Chopin, qui croyait à la vie parce qu'il sentait encore *quelque chose là,* comme André Chénier, avait voulu rester à Paris, son vrai pays, puisque c'était le pays natal de son talent. Peu de jours avant sa mort il rêvait de donner une fête dans un grand appartement qu'il venait de louer place Vendôme. Il était mort qu'on n'avait pas encore fini son déménagement. C'est la vieille histoire du monde : la mort a beau frapper à la porte, on ne travaille que pour l'avenir, ce mirage et ce mensonge pour tous au delà des vingt ans.

Clésinger, qui avait assisté à cette lente et solennelle agonie du génie humain, qui entrevoit le ciel, mais qui pourtant s'arrache à la terre avec un dernier déchirement de cœur, retourna à son atelier pour immortaliser le tombeau de son ami. L'âme de Chopin était avec lui. De ses mains de flamme il a pétri en pleine terre une figure qui tient une lyre brisée. C'est le chant du cygne, c'est l'âme de Chopin qui s'incline vers le tombeau, cette sombre voie du ciel. Il ne lui a fallu qu'un jour, à Clésinger, pour commencer et finir cette figure. C'est simple, c'est triste, c'est noble, c'est grand, c'est beau.

III

Mais Chopin n'est pas mort ; ses préludes, ses concerts, ses valses, ses deux cahiers d'étude et ses élèves ont fait survivre le sentiment, la grâce, la mélancolie de ce talent si délicat et si élevé. A son lit de mort, il a voulu que ses œuvres inédites fussent brûlées, disant qu'il pouvait seul, avec son cœur depuis longtemps blessé, faire comprendre toute la tristesse amoureuse et tout le charme de cette musique faite pour lui seul et que lui seul il a entendue.

Oui, brûlées sous ses yeux ! C'est du plus profond des entrailles humaines que jaillit le thème inspirateur, la pensée primordiale sur laquelle est écrite et pensée la musique de Chopin. Depuis ses *Préludes* jusqu'à sa *Marche funèbre*, depuis ses *Sonates* jusqu'aux sept *Valses*, depuis ses *Symphonies* jusqu'au *Lamento* composé expressément pour sa fin qu'il pressentait, c'est toujours en général sur le mode mineur que son génie s'exalte dans les suprêmes tristesses, ou dans les plus passionnées étreintes. Sa phrase large et déchirante semble s'attaquer aux fibres mêmes du cœur de l'homme pour les faire résonner sous les frissons de la douleur, sous les angoisses suprêmes du doute, sous les majestueuses suppliances que l'âme adresserait au Créateur impassible, dans une heure de terrifiant désespoir. Je ne sais rien de plus poignant que le dessin initial mélodique de ces sept *Valses* placées de par sa volonté les unes à la suite des autres, pour être jouées en même temps, et qui m'ont toujours produit l'effet de sept encensoirs funèbres exhalant des parfums étranges dans un sanctuaire de mystérieuse désolation.

Quant à son *Lamento*, qui donc a jamais pu l'entendre sans qu'un frisson le secouât de la tête aux pieds? Ce n'est qu'une phrase, mais qu'elle est effrayante! Ce n'est qu'un motif, mais à quelle profondeur il retentit en nous! Ce n'est enfin qu'une sensation magistrale de la mort, mais quelle sueur d'agonie elle fait entrer dans l'individu, et quel vent de tourmente elle souffle dans notre être ébranlé et presque déraciné sur sa base terrestre! Mozart seul, avec son *Requiem* a atteint une intensité pareille. Du reste, une analogie réelle existe, analogie toute morale, entre ce sombre génie qui s'est appelé Chopin et ce magicien de la mélodie qu'a été Mozart.

L'auteur de la *Symphonie héroïque* était un jour enfermé dans son cabinet. Des pensées lugubres le hantaient, lorsqu'un inconnu entra sans s'être fait nommer. Son allure étrange, sa personnalité d'où émanait le mystère, frappa le maître.

— Que me voulez-vous? demanda-t-il à l'inconnu.

— Je veux que vous me composiez un *Requiem*.

Ce fut tout.

Il y avait dans l'air de tête et dans l'accent de ce visiteur quelque chose qui fit tressaillir Mozart; il éprouvait le choc d'une volonté plus forte que la sienne, d'un envoûtement subit qui s'emparait de son cerveau et qui l'emportait vers je ne sais quelle région où pleuraient déjà à son oreille les mânes des trépassés.

Le singulier personnage regardait fixement le musicien dont la nervosité, surexcitée par les souffrances de la maladie qui le minait, s'exacerbait encore sous l'impression de cet incident. Il promit de faire ce qu'on lui demandait et le nouveau venu se retira.

Mozart persista-t-il à voir en lui un envoyé de l'outre-tombe? une vision émanée d'un monde occulte? Ce qu'il y a de certain c'est qu'il se mit à l'œuvre. Hélas! la mort était entrée chez lui. Il mourut mais non sans avoir achevé le *Requiem* de ses funérailles ; *Requiem* que l'Église a adopté pour ses chants liturgiques, en balbutiant les lambeaux de cette musique divine qui est comme un appel des morts vers un introuvable ciel ; il mourut — divinement — comme mourut Chopin sur le psaume de *Stradella*.

XVII

LE DOCTEUR FONTANAROSE

I

Deux hommes qui devaient jouer un rôle bruyant et brillant s'annoncèrent alors dans le monde littéraire et politique : le docteur Véron et Emile de Girardin.

Ce fut en 1829, à l'avènement du ministère Martignac. « Il semblait, dit Véron, qu'on passait enfin d'une saison âpre à une saison clémente, à une tiédeur de printemps ». Girardin commença par créer la *Mode* et le *Voleur*. Le docteur Véron fit mieux, puisqu'il créa la

Revue de Paris; une vraie révolution dans les esprits littéraires. Le docteur parlait ainsi dans sa préface de la *Revue de Paris :*

« Le moment est peut-être favorable à l'apparition d'une nouvelle Revue, les opinions en littérature semblent se passionner, la controverse s'étend et s'anime et tout semble nous faire espérer une époque littéraire après toutes nos crises politiques. L'histoire ne nous montre-t-elle pas le Dante, Pétrarque et Boccace succédant à des révolutions en Italie, Shakespeare et Milton succédant à des révolutions en Angleterre, Corneille et Molière succédant en France aux comédies sanglantes de la Fronde? Et quelle grande idée relative ne doit-on pas concevoir de l'ère littéraire qui se prépare si on la mesure à l'avance sur les propositions gigantesques des grands drames politiques dont le dénouement ne date que d'hier? »

Voilà qui était bien dit.

Et quelles furent les armes de Véron pour

marcher en avant? Il acheta, le jour même, deux jolis chevaux, un coupé et un phaéton, et fouette, cocher! à la conquête de l'esprit français. C'est en pareil équipage que le directeur de la *Revue de Paris* allait frapper tous les matins à la porte des gens de lettres. Il commença par visiter Sainte-Beuve et Mérimée. Véron connaissait son monde; aussi ses rédacteurs d'élite c'étaient Nodier, Saint-Marc Girardin, Méry, Loëwe-Weimar, Casimir Delavigne, Philarète Chasles, Scribe, Gozlan, Janin, Karr, Balzac, Dumas, Victor Hugo lui-même.

On voit qu'il s'adressait à tous les maîtres. Il racontait ainsi ses pérégrinations du matin. Voyez cet alinéa :

« Dans mes courses littéraires du matin, tantôt je surprenais Victor Hugo, le cou entouré de fourrures, très chaudement empaqueté, comme un homme qui vient de passer la nuit à écrire les beaux vers des *Orientales*, tantôt prenant à côté de sa femme et au milieu de ses enfants un déjeuner matinal. Je me suis souvent prêté aux jeux des jeunes Charles et Victor Hugo dont la plume de vingt ans devait plus tard, dans *l'Evénement,* combattre à outrance la politique que je soutenais avec conviction dans le *Constitutionnel.* »

Un des plus actifs collaborateurs de la *Revue de Paris* fut ce Philarète Chasles qui est allé mourir à Venise. Il savait tout, hormis la sagesse. Il n'y avait pas alors de meilleur critique. Il conduisait ses idées à quatre chevaux, mais il lui arrivait souvent de verser en chemin. Très spirituel causeur, il eut son quart d'heure de rayonnement. L'Académie lui ferma sa porte au nez bien mal à propos, car s'il était fantaisiste il était aussi académiste.

Un autre rédacteur très brillant de la *Revue de Paris* fut Loëwe-Weimar, qui écrivait ses articles chez mademoiselle Georges et chez mademoiselle Mars. Il pouvait parler de tout, puisqu'il savait tout et puisqu'il parlait bien.

On croyait qu'il ferait un chemin rapide sous le ministère Thiers ou sous le ministère Guizot, deux amis qui prônaient son esprit ; mais, pour toute faveur politique, il fut nommé consul à Caracas, où il dépensa ses quatre sous et où il ruina sa santé. Je l'ai vu chez mademoiselle Mars, qui lui conseillait de ne pas retourner si loin, lui qui méritait une ambassade de par les lois de l'esprit.

N'allons pas oublier un écrivain de la même famille, qui avait surtout fait ses études dans La Bruyère et Rivarol : c'était Malitourne, un paresseux qui disait ne jamais trouver l'heure du travail. La *Revue de Paris* lui doit aussi beaucoup de pages savantes et curieuses. Chaque fois que je dînais chez le docteur Véron, j'y trouvais Malitourne. Son dernier travail fut d'amuser Véron, dont il était l'ami et le lecteur ordinaire. Dans ses dernières années, on s'impatientait de toujours lui entendre dire les mêmes mots. Aussi Rachel le priait-elle gentiment de changer de masque et de répertoire. « J'irai à votre école, mademoiselle. » Mais il était trop tard pour que Rachel daignât lui donner des leçons. Il avait un cousin, Pierre Malitourne, qui, pendant plusieurs années, remplaça Gérard de Nerval dans la critique théâtrale de l'*Artiste*.

Véron avait aussi frappé à la porte de Scribe, cet ardent trouveur, qui aurait pu écrire trois cent soixante-cinq pièces par an, mais qui se contenta d'en écrire trois cent soixante-cinq pendant toute sa vie. Alexandre Dumas seul était capable d'un pareil labeur. Moins de pièces, mais plus d'actes : ne donna-t-il pas des drames en plusieurs journées ? Ceci me rappelle une histoire de belle forfanterie littéraire :

Au premier mois de ma direction du Théâtre-Français, il me vint l'idée, pour l'anniversaire de la naissance de Molière, de représenter une comédie sous ce titre : *les Entr'actes de la Comédie de Molière*. On comprend la curiosité que promettaient trois actes sur ce sujet de haute fantaisie.

Je rencontre Dumas, nous causons de la comédie à faire.

— Demain à l'aurore, lui dis-je, vous vous mettrez à l'œuvre, puisqu'il faut jouer la pièce dans quatre jours.

— Comment! demain. Je vais m'y mettre à l'instant même. Voilà tout justement Paul Meurice; vous me donnerez tous les deux votre coup de plume. Quand viendra le jour, la comédie sera faite.

Ce qui fut dit fut fait. Quatre jours après, la pièce était jouée. Les rébarbatifs de l'orchestre se fâchèrent parce qu'ils n'eurent pas l'esprit de comprendre, mais le Président de la République, Louis Bonaparte, ses amis Morny, Walesky, Persigny, les critiques accrédités Jules Janin, Théophile Gautier, Paul de Saint-Victor défendirent vaillamment l'œuvre de Dumas. Scribe lui-même, qui n'aimait pas la haute fantaisie à la Shakespeare, applaudit de toutes ses forces *les Entr'actes de la Comédie de Molière*.

On a dit souvent que Scribe fut l'auteur dramatique le plus applaudi. Ne l'est-il pas encore, ce fabuleux créateur de tant d'œuvres inoubliables : *Robert le Diable*, les *Huguenots*, le *Prophète*, la *Dame blanche*, *Haydée*. Et si des opéras, je passe aux comédies : *Adrienne Lecouvreur*, les *Contes de la Reine de Navarre*, *Bataille de Dames*, la *Camaraderie*, la *Tsarine*, *Bertrand et Raton*, le *Verre d'Eau*. Et combien de vaudevilles, qui sont presque des comédies, comme la *Femme qui se jette par la fenêtre!*

Je sais bien qu'on va sourire de mon amitié pour Scribe, car l'opinion est faite désormais : Scribe, un bourgeois dont les malices sont cousues de fil blanc.

Scribe donna à la *Revue de Paris* des proverbes et des contes.

Le fondateur de la *Revue de Paris* avait donc appelé à lui tous les vrais écrivains dans leur rayonnement. Dumas vint bientôt avec ses *Souvenirs de Voyage* et ses romans. J'ai parlé de bien des collaborateurs de la *Revue de Paris*, mais combien d'autres il faudrait citer dans tous les camps : le duc de Choiseul, le comte de Montalivet, Cousin, Lamartine, Auguste Barbier, Mérimée, Benjamin Constant, George Sand.

Avec de pareils rédacteurs, comment la *Revue de Paris* n'aurait-elle pas pris toute l'élite des lecteurs ! Ce fut donc un grand succès. Or, savez-vous combien ce grand succès donna d'abonnés ? à peine mille. Et encore, ce chiffre diminua quand Buloz voulut repêcher la *Revue des Deux-Mondes*, qui n'avait fait qu'une apparition parmi les lettrés. C'étaient MM. Mauroy et Ségur-Dupeyron qui l'avaient fondée. En la créant, ils ne songeaient qu'à un recueil de voyages. Les abonnés n'étant pas venus à eux, ils fermèrent boutique. Ce fut alors que Buloz, prote de l'imprimerie où la Revue avait été imprimée, tenta de la ressusciter. Il eut d'abord autant de courage que de déveine. La *Revue des Deux-Mondes* a survécu, elle est devenue un monument littéraire, mais Dieu sait par quelles difficultés sans cesse renaissantes il lui fallut passer. Buloz tint bon, oubliant plus d'une fois de dîner pour nourrir sa Revue. Enfin, un notaire de Paris la sauva sur le même esquif que la *Revue de Paris*. Buloz fut consolidé à la *Revue des Deux-Mondes*, et le frère de Bonnaire devint directeur de la *Revue de Paris*. C'était le notaire Bonnaire qui était piqué du démon de la littérature. Voilà pourquoi on vit apparaître ce nom de Bonnaire dans les deux Revues. On mangea quelques centaines de mille francs, mais on paya toujours la rédaction avec une bonne grâce parfaite, hormis toutefois le premier article qu'il fallait donner comme une obole de sauvetage. A ce propos, je dirai ceci qui m'est personnel :

Depuis longtemps déjà rédacteur à la *Revue de Paris*, je portai à Bonnaire un article sur

Callot ou sur Boucher. Buloz, voyant cet article en épreuves, le prit pour la *Revue des Deux-Mondes.*

Les deux Revues s'imprimaient chez le même imprimeur, dans la même justification. Quelques jours après avoir porté mon article à Bonnaire, j'ouvris la *Revue des Deux-Mondes* et je fus quelque peu surpris de m'y voir en tête du numéro. Buloz, qui n'était pas complimenteur, Dieu merci! m'écrivit à ma grande surprise une jolie lettre que j'ai conservée et que j'ai relue avec plaisir au temps où la Revue se retourna contre moi, quand, de par Rachel, je pris la place de Buloz au Théâtre-Français. Quand j'allai à la caisse de la *Revue des Deux-Mondes*, qui était aussi la caisse de la *Revue de Paris*, pour toucher le prix de mes quarante pages, on me répondit par ces mots bien inattendus:

— Vous savez qu'on ne paye jamais le premier article!

— Oui, je sais cela, mais c'est à la *Revue*

de Paris que j'ai donné ma copie ; il a plu à Buloz de la prendre pour la *Revue des Deux-Mondes,* on ne m'en doit pas moins quatre cents francs.

J'eus beau faire et beau dire, je m'en revins les mains vides. Je dois avouer, d'ailleurs, que la maison fut toujours bonne pour moi, puisque j'y touchai à peu près deux cent cinquante francs par mois, pour mes portraits littéraires, mes contes, mes articles d'art ; or, c'était dans un temps où je ne faisais pas le beau avec des billets de banque.

Ce fut le docteur Véron qui suréleva les prix en littérature quand il prit le *Constitutionnel.* Il donna haut la main beaucoup de billets de mille francs à Eugène Sue, à George Sand, à Alexandre Dumas, à Alfred de Musset, pourquoi ne dirais-je pas aussi à moi-même ? ce qui me fit bien des ennemis dans le monde littéraire. Je n'eus jamais plus d'ennemis qu'en ce temps-là. On ne voulait pas comprendre que Véron fût maître de ses opinions en littérature. On se révolta contre les hauts prix qu'il donnait à ses élus. On assiégea sa porte, qu'il ouvrait d'ailleurs toute grande.

— Pourquoi imprimez-vous ceci et ne voulez-vous pas prendre cela?

— Mon cher monsieur, j'estime beaucoup ce que vous faites ; mais, dans mon jeu contre la fortune contraire, permettez-moi de bien choisir mon jeu de cartes. Il viendra sans doute un jour où je vous appellerai, mais, quand j'ai repris le *Constitutionnel* expirant, j'ai appelé les écrivains de mon choix ; vous arrivez une heure trop tard.

On sait que le docteur Véron avait bien choisi selon le goût de ses lecteurs, puisque le *Constitutionnel* devint, en quelques semaines, le premier des journaux.

Le docteur Véron a réussi en toutes ses entreprises. C'est que sous ce risque-tout, il y avait un sage.

Voulez-vous savoir les commandements du docteur Véron :

« N'oubliez pas, si vous craignez les inimitiés et les haines, de répondre aux lettres inutiles, même d'inconnus.

» N'oubliez pas, surtout, de remettre votre carte à celui qui vous a envoyé la sienne.

» Evitez d'avoir une place réservée dans les lieux publics. (Ici Véron oublie que c'est pourtant la manière la plus sûre d'être bien placé.)

» Refusez-vous surtout le luxe d'une voiture bien attelée, car on ne vous pardonnerait pas les éclaboussures.

» Refusez-vous le luxe d'une femme de théâtre, car, s'il y a quelqu'un qui vous fait plus d'ennemis que des chevaux anglais, c'est la possession d'une actrice.

» Rappelez-vous que tous les succès qui flattent votre vanité offensent et font souffrir celle d'autrui.

» N'oubliez pas que la haine a plus d'imagination que l'amour.

» Surtout, ne faites pas trop de bruit dans

le monde! Gardez-vous de toucher à trop de choses diverses. Sur chaque rivage nouveau où vous aborderez, vous trouverez des ennemis. »

Un peu plus, on croirait que c'est Rivarol qui parle ainsi.

Beaumarchais lui-même n'avait-il pas dit : « Avec de la gaieté et même de la bonhomie, j'ai eu des ennemis sans nombre et n'ai pourtant jamais croisé ni jamais couru les routes de personne? »

II

Emile de Girardin, ami de Véron, un risque-tout comme lui, fut aussi un sage à sa manière. Sa sagesse fut plus éclatante que celle du docteur Véron. Il commença aussi par la fortune des journaux. Mais en ce temps-là, sa meilleure fortune fut d'épouser une femme qui était belle et qui avait presque du génie, tant son esprit était rayonnant de poésie. Il fut donc de ceux qui jouent les premiers rôles. En 1831, cet esprit hardi alla trouver Casimir-Périer, alors premier ministre, afin de discuter avec lui un projet de réforme économique pour la presse périodique. Selon lui, c'était donner une grande force à l'État, puisqu'on pourrait avoir un million d'abonnés en vendant à un sou le *Journal officiel*.

Casimir-Périer, qui avait d'abord accueilli l'idée comme un trait de lumière, remit ensuite la question aux calendes grecques; mais Girardin, qui ne s'endormait pas, créa, en attendant mieux, le *Journal des Connaissances utiles* à cent sous par an. C'était trop peu pour ce grand ambitieux. Il créa bientôt la *Presse*, un journal à 40 francs par an, c'est-à-dire à moitié prix de ce que coûtaient les autres.

De son côté, Véron n'avait pas perdu son temps. Il quittait la direction de la *Revue de*

Paris pour se risquer à la direction de l'Opéra. Le choléra ne lui fit pas peur, même quand il mourait deux mille Parisiens par jour. Paganini n'en jouait pas moins du violon, et Taglioni n'en jouait pas moins des jambes. Parmi les amis de Véron, le comte Gilbert de Voisins était amoureux fou de cette archi-déesse de la danse ; aussi le voyait-on dans les coulisses pendant toutes les représentations ; mais il avait beau chanter sur toutes les gammes sa passion toujours croissante, Taglioni refusait de le prendre au sérieux, jusqu'au jour où il lui fit un discours en trois points pour lui prouver que le choléra, qui enlevait tout le monde, allait l'enlever elle aussi si elle ne se cachait dans ses bras. La danseuse, prise de terreur, consentit à passer la nuit avec Gilbert de Voisins, à la condition qu'il veillerait sur elle comme un frère. Elle était superstitieuse, et elle croyait que l'amour du comte la préserverait de la fatale épidémie. La nuit se passa en tout bien tout honneur ;

mais le lendemain, chez le docteur Véron, elle dit au comte, toute pâle et tout éplorée : « Vous m'avez perdue à force de vouloir me sauver. Je viens de l'Opéra où tout le monde dit que vous avez passé la nuit chez moi ! »

Gilbert de Voisins prit au sérieux les larmes de l'ingénue aux ailes d'or, tant et si bien qu'il voulut sauver l'honneur de la demoiselle en épousant la danseuse.

Par malheur la lune de miel n'eut pas même un quartier. Le mari ne pensa bientôt plus qu'à la séparation. Il quitta sa femme au bout de quelques semaines en lui disant qu'ils avaient fait fausse route tous les deux. Ils ne se revirent jamais... Je me trompe. Bien longtemps après, presque un demi-siècle, ils se rencontrèrent à la table du docteur Véron. On s'était tant oublié, on ne se reconnut pas. Le comte Gilbert de Voisins, qui était à côté de moi, me dit :

— Quelle est donc cette dame assise en face de moi, qui vient de demander qui j'étais ?

— Mon cher ami, lui répondis-je, c'est votre femme : c'est la Taglioni.

Le ci-devant mari se leva de table, prit son chapeau et disparut.

III

Messieurs et mesdames, entrez à l'Opéra, le vieil Opéra de la rue Le Peletier, l'Opéra de tant de chefs-d'œuvre, tout glorieux dans sa pauvre architecture bourgeoise. Nous allons faire un pas en arrière pour voir jouer *Robert le Diable* vers le milieu du siècle, chanté par les grandes cantatrices et les grands artistes dont le nom seul était une éloquence. On dit que le passé éclaire l'avenir. Pourquoi n'étudierions-nous pas le vieil Opéra, un soir de ses belles représentations, en évoquant toutes les figures qui ont plus ou moins ébloui les spectateurs d'antan? Je vous ferai grâce de la célèbre madame Crosnier, une portière comme il n'y en a plus, donnant des conseils à toutes les vertus et à toutes les demi-vertus. Celle-là avait une cour de freluquets, parce qu'elle avait presque toutes les clés du cœur de ces dames du chant et de la danse.

En entrant à la suite d'une des demoiselles Marquet, nous voyons la mère Crosnier lui offrir un bouquet de la part de l'un de ces messieurs.

— Prenez le bouquet, mademoiselle, mais ne vous laissez pas prendre. Il n'y a pas de billets de banque dans son bouquet.

Avançons vers les coulisses. On pouvait dire alors vers les casse-cou. Mais, si on tombait, c'était toujours dans les bras d'une des demoiselles du corps de ballet.

Prenons le style du temps pour faire parler ces messieurs et ces dames. C'est déjà le vieux style. Ecoutez plutôt un des orateurs de la rampe parlant de madame Adèle Dumulâtre, qui supplie le docteur Véron de lui « faire un sort ».

Quelle chaste et pure beauté auréolise ce large front aux tempes molles et lumineuses ! Quelle transparence dans ses yeux, où se reflète l'azur du ciel ! Les hommes de toutes les nations s'attellent volontiers au char de la Beauté, la seule déesse qui soit réellement digne de nos hommages et de notre encens. Si je ne vous parle pas de mademoiselle Dumulâtre au point de vue rosière, la faute en est à un Yankee qui a voulu découvrir une étoile à force d'or, ce qui lui a coûté de quoi faire un autre royaume de Monaco.

Les deux Dumulâtre ne me consolent pas d'avoir vu s'envoler Taglioni et Fanny Essler, qui dansent maintenant l'une et l'autre sur un théâtre de princes qui vont les épouser. Mais, après tout, pourquoi poursuivre un rêve qui s'est évanoui? N'est-ce pas encore un rêve qui me charme en l'an 1895, ces deux beaux portraits de Camille Roqueplan, qui a merveilleusement représenté l'envolement de ces deux archi-déesses !

On aura beau faire des miracles à l'Opéra, retrouvera-t-on ces deux reines de la danse ! Camille Roqueplan les peignait pour son frère Nestor, qui fut le plus charmant et le plus paradoxal des directeurs de l'Opéra. Il me donna ces deux chefs-d'œuvre en me disant :

— Tu vois ces deux panneaux, je les consacrais à mon cercueil, car je voulais être bien reçu pour aller dans l'autre monde ; mais, tout bien considéré, je trouve Essler et Taglioni beaucoup trop diaboliques pour m'accompagner là-haut. Je te les donne, j'irai les voir dans ta galerie.

Une autre figure digne de survivre ce que survivent les danseuses, c'est Carlotta Grisi, qui fit tourner la tête à mon cher Théophile Gautier. Mais il tourna bientôt la tête de l'autre côté pour Ernesta Grisi, la sœur de Carlotta, qui bénit cet hyménée de la main gauche, plus sérieux que tant de mariages de la main droite. De là naquirent deux filles charmantes. La première porte un nom célèbre : Judith Gautier ; la seconde s'est contentée d'être heureuse en épousailles avec Emile Bergerat, qui n'a eu qu'un tort dans sa vie : avoir trop d'esprit.

En ce temps-là, Théo était un des fidèles des coulisses de l'Opéra. On n'a pas oublié ses ballets ; ne représente-t-on pas encore *Gisèle*, d'ailleurs tout un enchantement?

J'allais souvent moi-même dans les coulisses où je devins quelque peu amoureux de la Rosita, mi-Espagnole, mi-Française. Elle ne savait ni lire, ni écrire ; mais comme elle savait danser ! Je lui présentai un de mes jeunes amis, ce qui me dispensa de continuer l'aventure. C'était Henri Vermot, secrétaire du comte Roger du Nord, plus tard consul en Amérique. Il était très gai poète, encouragé par Alfred de Musset, ce qui était rarissime.

La Rosita avait la mauvaise habitude d'emprisonner ses amoureux dans sa petite logette perchée tout en haut du théâtre ; mais cette cachette ne lui réussit pas toujours. C'était aussi la logette d'une de ses camarades, laquelle donna un jour un tour de clé et s'envola avec Henri Vermot. Colère bruyante de l'amoureuse ainsi lâchée en pleine passion. Elle pleura devant Roqueplan qui se moqua d'elle.

— Que veux-tu ? Si je ne suis pas aimée, je ne puis pas danser !

Et elle pleurait à belles larmes.

— Je tuerai le faquin qui se moque ainsi de moi.

Puis, se mettant à rire :

— Il faut dire que je me suis bien moquée de lui.

Parmi les danseuses de l'Opéra, il y avait plus de terre-à-terre que d'envolées. Elles étaient bourgeoises, ce qui est la pire des physionomies. Les coulisses de l'Opéra avaient par-dessus tout l'air ennuyé. Elles avaient le spleen comme un gros Anglais millionnaire. On y respirait l'atmosphère de la bêtise endimanchée. Carlotta Grisi, qui demeurait avec sa mère et sa sœur, rue de Trévise, comme une bonne petite bourgeoise, donnait le millet à ses oiseaux, arrosait les fleurs de son balcon et chantait en brodant. Ses voisins, me disait alors Albéric Second, qui l'entendent chanter et qui ne la voient pas danser, étaient doublement à plaindre, et pour ce qu'ils ne voyaient pas et pour ce qu'ils entendaient.

On n'arrivait pas à ces hautes renommées sans qu'il en coûtât beaucoup aux danseuses à la mode. Par exemple Nathalie Fitz-James, autre célèbre danseuse, avait imaginé une nouvelle méthode de se tourner et se casser tout à la fois. Elle se couchait par terre, le visage tourné du côté du parquet et les jambes étendues. Puis, elle faisait monter sur elle sa femme de chambre, lui ordonnant de peser de tout son poids sur « cette partie du corps » où, comme le disait Arnal, le rein change de nom.

Ce sont là des tours de force qui feraient leur effet à la foire de Neuilly. Par exemple, au premier acte de *la Peri*, cet autre ballet de Théophile Gautier, Carlotta Grisi y risquait sa vie, selon Roqueplan. Que M. Petipa, le grand rôle, fût maladroit ou distrait un soir, Carlotta pouvait se casser la tête. Théophile Gautier aimait ces jeux périlleux. Plus d'une fois, au cirque, il me disait : « Tu applaudis les héros de tragédie ; je les trouve bien inférieurs aux écuyers du cirque. »

Ce qui gâte toujours le personnel des théâtres ce sont les mères d'actrices. Combien peu sont de vraies mères, mais, en revanche, combien peu sont de vraies filles ! « La mère de la danseuse n'apparaît, d'ailleurs, que comme le dragon du jardin des Hespérides. »

Je ne connais pas bien les mœurs d'aujourd'hui à l'Opéra : je doute que la religion les domine. Naguère, toutes allaient à l'église et même au sermon, quelle que fût la désinvolture de leurs vertus. Les bagues et les médailles de sainte Geneviève scintillaient à leurs doigts ; aussi leur prenait-on doucement la main sous prétexte de faire son salut. Adèle et Sophie Dumulâtre étaient très assidues aux cérémonies de Notre-Dame-de-Lorette. Thérèse et Fanny Essler avaient brodé le velours de leurs chaises à l'église. Madame Stoltz, alors la reine de Chypre, allait entendre la messe et surtout les sermons à Saint-Louis-d'Antin.

Mademoiselle Taglioni déjà avait dit : « Quand je ne suis pas à l'Opéra, je suis à l'église : l'église, l'Opéra des gueux, disait Voltaire. »

Le tort des directeurs de l'Opéra, c'est de garder trop de femmes de l'autre monde. Dans ce pays-là, on aime trop les ruines. Il y en avait bien à ce temps-là une demi-douzaine qui promenaient de par le monde leurs petits enfants. Oh ! les sourires sexagénaires ! comme mesdames Colson, Duménil, Campan et quelques autres dont je ne veux pas me rappeler les noms !

M. Mazillier appelait alors à lui toutes les jeunes célébrités au grand foyer de la danse.

Plus légère que les autres, Pauline Leroux s'exerçait à lever la jambe plus haut que le bout de son nez à la Roxelane. C'est le célèbre Romieu qui marquait la mesure et qui donnait des leçons de maintien, car il avait là ses grandes entrées en sa qualité de préfet comme il n'y en a plus. C'était le plus jovial des habitués. Il amena un jour un autre préfet d'occasion, M. Mazères, qu'on ne trouva pas assez gai et qui fut congédié du foyer avec tous les honneurs dus à sa morosité.

Que de scènes tour à tour tragiques et galantes on pourrait écrire sans sortir de l'Opéra ! Quoi de plus beau et de plus touchant, que cette apparition inattendue du grand Hérold, qui avait quitté son lit de mourant pour dire à tous ceux qui vinrent faire cercle autour de ce revenant: « De grâce, mes amis, je sais que je suis perdu, mais sauvez mon œuvre à l'Opéra-Comique. Mon œuvre, c'est ma seconde vie : ne laissez périr ni le *Pré-aux-Clercs* ni *Zampa*, car je mourrais deux fois. »

Et, après avoir embrassé mademoiselle Dorus :

— Sauvez le *Pré-aux-Clercs*, puisque madame Casimir, bien malade aussi, abandonne le rôle d'Isabelle. Reprenez toutes vos forces et jouez le rôle après-demain.

Mademoiselle Dorus se mit à pleurer.

— Comment voulez-vous que je joue après-demain ce rôle, que je ne sais pas ?

— Mademoiselle, reprit Hérold, songez que le *Pré-aux-Clercs*, c'est le chant du cygne.

Quarante-huit heures après, mademoiselle Dorus jouait le rôle d'Isabelle avec plus de génie dramatique qu'elle n'en eut jamais. Et sa voix adorable transporta tous les spectateurs. Hérold mourut content.

On était en pleine musique italienne de par Bellini, Donizetti, Rossini, sans compter que le maëstro Auber voyait encore les représentations de la *Muette de Portici*. Quand je dis voyait, le mot n'est pas juste, puisque Auber n'allait jamais à l'Opéra quand on jouait la

Muette. Je l'y ai rencontré pourtant plus d'une fois, mais il jurait ses grands dieux qu'il ne venait pas pour la musique.

On peut dire d'Auber qu'il a fait le beau pendant près d'un siècle. Il y a des moments de distraction où je me demande s'il est vraiment mort, ce grand musicien qui avait vu guillotiner André Chénier et qui dînait chez moi pendant le siège de Paris. Je l'entends encore nous contant la mort d'André Chénier et nous disant : « J'ai quatre-vingt-onze ans : on aura beau guillotiner à la place de la Bastille, à la place du Trône ou à la place de la Concorde : je ne serai plus là, parmi les spectateurs. »

Et sur ces mots, comme pour reprendre un regain de jeunesse, Auber baisa les bras de Sarah Bernhardt et de Marie Roze.

Très peu de temps auparavant j'avais vu Auber à un des lundis de l'impératrice ; il conduisait l'orchestre pour le concert où, d'ailleurs, on n'avait indiqué que son répertoire.

Comme il demeurait intrépidement debout quand tout le monde était assis, l'impératrice alla gracieusement à lui : « Monsieur Auber, si vous refusez de vous asseoir, vous allez nous condamner à rester tous debout. »

— De grâce, dit Auber, que Votre Majesté ne me condamne pas à me rappeler mon âge. Devant vous, madame, je sens que j'ai toujours vingt ans.

Et Auber, l'œil vif encore, s'affirma debout en point d'admiration.

Que si on voulait savoir quelles étaient les belles spectatrices du temps des grands musiciens, je pourrais vous dire de beaux noms : la princesse de Ligne, la duchesse de Mouchy, la vicomtesse de Noailles, madame Pozzo di Borgo, madame de Lauriston, madame Thiers, mademoiselle Dosne, la duchesse de Valençay, madame de Coussy, madame de Girardin, la marquise Aguado, la comtesse Lehon, la princesse Bagration. De beaux noms, n'est-ce pas, mais surtout de belles figures !

IV

Le docteur Véron, qu'on avait surnommé Fontanarose, parce qu'il avait monté trop souvent sur le théâtre de la vie, fut agréable à ses amis, mais il fallait toujours qu'il y eût quelque chose de romanesque ou de spirituel dans l'aventure. Ne se souvient-on pas encore de cette petite histoire :

Le marquis de La Valette qui, après une jeunesse désordonnée, s'était rattrapé aux branches de la diplomatie, avec le rêve d'être un jour ambassadeur à Londres, ce qui lui arriva, rencontra, au foyer de l'Opéra, le docteur Véron.

— Comment, mon cher ami, après toutes vos plaidoiries si éloquentes, vous qui défendez le ministère de Thiers dans le *Constitutionnel* avec tant d'à-propos, vous n'êtes en-

core que chevalier de la Légion d'honneur !
Tenez, voilà tout justement là-bas M. Thiers
qui passe avec Rémusat. Le ministère est à
vau-l'eau. Fait-on quelque chose pour vous,
ô stoïcien ?

— Non ; d'ailleurs, je n'ai rien demandé.

— Eh bien ! ce n'est pas juste, on vous doit
beaucoup ; demandez la croix d'officier... pour
moi.

Véron trouve la plaisanterie fort drôle, il
s'en va droit à Thiers et lui dit :

— Donnez donc la croix d'officier de la Légion d'honneur à La Valette, qui vient de me
la demander comme si j'étais bien en cour.

Thiers dit à Véron :

— Comment ne me la demande-t-il pas
pour vous ?

— C'est qu'il est trop diplomate pour ne pas
commencer par lui.

Deux jours plus tard, la nomination de
La Valette paraissait au *Moniteur*.

Véron avait ses heures cruelles, comme un

empereur romain de la décadence. Ainsi, il m'annonça un matin qu'il venait d'appuyer par une lettre bien sentie la candidature de son ami Mazères à la direction du Théâtre-Français que je gouvernais depuis longtemps.

— Je n'en crois rien, lui dis-je, vous n'êtes pas capable d'une pareille félonie.

— Moi, je suis capable de tout ; je ne veux pas que le Théâtre-Français soit livré aux bêtes comme vous en avez quelques-unes ; par exemple, Maria Lopez, la maîtresse à tour de rôle de Charles Blanc et de M. Dufaure, ce puritain.

La vérité, c'est que ça lui était bien égal. Aussi, le lendemain il écrivit une seconde lettre pour dire que, tout bien considéré, son ami Mazères était devenu trop provincial pour gouverner le Théâtre-Français.

Le docteur Véron était souverainement laid. Napoléon III lui dit, un jour, à brûle-pourpoint : « Monsieur Véron, vous avez beaucoup d'esprit, mais vous êtes fort laid. »

Cela paraît incroyable, mais le mot a été dit. Le docteur nous a souvent raconté cette histoire d'un air dédaigneux, mais sans cacher toutefois son amertume. C'était à une des réceptions qui ont suivi le coup d'Etat. Il y avait là des ambassadeurs, des ministres et quelques aspirants ministériels. Le docteur venait d'être nommé député de Sceaux : il se croyait de la cour ; sa manière toute bruyante avait déplu au chef de l'Etat, lequel jugeait qu'il ne fallait pas aux Tuileries des personnages de comédie. Il ne fit donc pas de façons pour mettre Véron à sa place, c'est-à-dire « dehors », selon son mot. Les empereurs sont forcés d'être ingrats, car Véron avait bien travaillé pour le Président de la République. Il est vrai qu'il n'était pas monté à cheval le matin du coup d'Etat, pour être du cortège victorieux.

Un jour que Véron racontait cette aventure, et semblait en appeler des paroles du tyran, Rachel lui dit, avec son coin de lèvres railleur :

— Il aurait dû vous dire cette vérité en tête à tête.

Le docteur rengaina sa fureur. Mais, après tout, il n'en était pas moins laid. Pour ce qui était de son esprit, la vérité c'est qu'il était spirituel, quoique trop sentencieux et trop anecdotier.

On l'aimait un peu moins que ses dîners, où il avait la bonne grâce de ne jamais paraître le maître de la maison. Chez lui, tout le monde était chez soi. Bien mieux, on s'invitait soi-même, car jamais il n'invitait personne. A peine s'il disait aux uns et aux autres :

— Vous savez qu'ici on dîne toujours à sept heures — précises — ajoutait-il.

Pourquoi ce mot ? C'est qu'il était avant tout homme de théâtre, et qu'à huit heures et demie il arrivait à l'Opéra-Comique ou à la Comédie-Française. Il disait que le spectacle n'attend pas ; très souvent, il quittait la table comme un amphitryon qui va revenir. Il ne

revenait pas. La première fois que Persigny et
Morny dînèrent chez lui, il ne fit pas plus de
façons pour s'en aller, à peine au dessert. Persigny et Morny se levèrent, croyant qu'il fallait suivre au salon le maître de la maison pour
le café. On les retint en leur disant que le
docteur venait de prendre sans cérémonie la
clé des champs, pour voir Faure dans *Zampa*.

J'ai dit qu'il était homme de théâtre ; oui,
plus que tout autre depuis sa direction de
l'Opéra ; sa vraie maison c'était le théâtre ; il
avait toujours deux avant-scènes à l'année,
soit à l'Opéra et au Théâtre-Français, soit au
Théâtre-Français et à l'Opéra-Comique. Il
avait peut-être raison ; les autres théâtres
n'existaient pas pour lui. Mais comme il aima
ces trois théâtres impériaux ! Il connaissait
par le menu l'histoire intime de toutes les
actrices et cantatrices. Quand elles étaient en
scène, elles le saluaient dans sa loge : c'était
pour lui le baiser de la Muse ; il payait ces
sourires au poids des diamants, car il fut tou-

jours généreux. Il avait de quoi être généreux. Sait-on que la pâte de Regnault, où il avait risqué tout son patrimoine, c'est-à-dire dix-sept mille francs, lui donnait un revenu viager de cent mille francs? Ce qui, joint aux sept ou huit cent mille francs gagnés à l'Opéra, lui donnait un joli revenu pour un homme seul. On l'a accusé de bien des crimes, par exemple d'avoir payé beaucoup de vertus. On disait que Rachel ne lui avait coûté que cinquante mille francs ; simple calomnie pour Rachel qui était alors la conjointe de Walesky. Véron aimait toutes les femmes ; il n'en prenait pas une, hormis la femme d'un de ses amis qui s'en payait deux avec son argent.

Sophie, la gouvernante de Véron, cette autre servante de Molière, avait de hautes prétentions ; elle parlait politique comme madame Roland. M. Fould, M. Walesky, M. de La Valette, s'asseyaient avec elle dans la salle d'attente pour recevoir ses compliments ou ses admonestations. C'est qu'elle n'y allait pas de main morte ! On faisait semblant de tourner çà et là la plaisanterie, mais elle avait son action sur les hommes du pouvoir, comme sur les journalistes du *Constitutionnel*, et elle montait le ton de l'éloge ou elle faisait le silence. Il ne faut pas oublier que le *Constitutionnel* était la voix la plus écoutée de l'opinion. Aussi disait-elle d'un air dictatorial : « Soyez sage ou vous aurez affaire à moi. » Véron lui passait cette fantaisie de gouverner le monde en disant : « Elle est si bonne cuisinière ! » Car, elle était tout dans la maison, cette Normande aiguë et laide. Il n'y avait d'autre serviteur qu'un groom. Sophie faisait donc le dîner pour douze personnes. Quand il venait un treizième, elle le mettait à la porte, ou bien Véron s'en allait lui-même dîner au Café de Paris. Outre le rôle de cuisinière, elle avait pris le rôle de femme de chambre ; elle servait à table. En un mot, vrai miracle du travail.

La première fois que j'allai chez le docteur,

c'était rue Taitbout : un premier étage avec un jardin. Je donnai mon nom à Sophie. Elle me dit : « Asseyez-vous là, à côté de moi ; je sais bien pourquoi vous venez : notre maître a été ensorcelé par vos articles de la *Revue de Paris* où vous mettez si bien en scène les comédiennes. Il dit que vous ferez très bien les hors-d'œuvre dans notre journal avec Alfred de Musset. Nous avons déjà Eugène Sue, Dumas, George Sand, tous les glorieux ; mais chez nous il faut se surpasser. » Je regardai Sophie le plumeau à la main et l'œil plein d'éclairs. Qu'est-ce que cette femme-là ? me demandai-je. « C'est que, voyez-vous, continua-t-elle, nous risquons tout, dans le *Constitutionnel*. »

Je crus un instant que c'était la sœur de Véron qui me parlait ainsi avec un plumeau en guise d'éventail. Elle se leva en murmurant : « Je vais vous annoncer. »

Elle m'annonça. Véron fut très gracieux ; on causa des grandes actrices : c'était son répertoire habituel. Il me demanda de les peindre toutes dans son journal : « On vous donnera le dimanche. »

Le soir du premier feuilleton, je dînai chez Véron, où tout le monde me fit gai visage. Il n'y a que la jeunesse pour avoir de ces bonnes fortunes-là, car la jeunesse a ses lendemains plus ou moins glorieux. Il y avait à la table, ce jour-là, quelques maîtres contemporains : Delacroix, Isabey, Auber, Halévy, Romieu, Roqueplan, et deux romanciers dans tout l'éclat de leur célébrité : Alexandre Dumas et Eugène Sue.

— N'est-ce pas, me dit le docteur, que c'est ici le festin des dieux ! Par malheur, je n'ai ni la figure, ni le génie d'Apollon pour présider la table ; mais, chez moi, tout le monde préside à son tour.

Partant de là, le cliquetis des mots courut sur la nappe. Le maître de la maison était déjà ce malin bourgeois de Paris, armé de raillerie parisienne. Comme homme d'esprit, on pouvait donner le prix tour à tour à Dumas à Auber, à Roqueplan. Delacroix arrivait ensuite avec sa raison aux vives couleurs. Romieu vivait quelque peu sur ses rentes comme homme d'esprit. Il n'était plus assez jeune pour jouer encore le gavroche. Il se croyait, d'ailleurs, devenu un futur homme d'Etat depuis qu'il avait découvert un héros comme Bugeaud. On avait réservé la place d'Alfred de Musset, qui venait toujours quand on ne l'attendait pas ; aussi ce soir-là ne vint-il pas. On ne prenait d'ailleurs pas le temps de parler des absents, tant on rédigeait la gazette du jour.

— Nous n'avons pas de femmes aujourd'hui, me dit Véron, mais si vous venez demain, vous trouverez la belle Andréa, la plus mauvaise de toutes les comédiennes, mais la plus jolie des débutantes. Rachel lui promet de faire avec elle le tour du monde.

— Elles commenceront, dit Roqueplan, par une station au rocher de Leucade.

— Pure calomnie, murmura Auber ; n'est-il pas bien naturel que les femmes s'amusent entre elles !

Avec les convives que je vous indique en passant, vous jugez tout de suite quelle était la table de Véron. Souvent Rachel, mademoiselle Plessis çà et là, George Sand, madame Roger de Beauvoir, quelques étoiles du théâtre, mademoiselle Brohan, madame Fargueil, madame Doche.

Après le dîner du dimanche, on jouait quelquefois au lansquenet. Un soir, le comte Walesky et Thibaudeau jouèrent un jeu infernal pour ce temps-là. Walesky, qui n'avait pas d'argent, ne s'aventura si loin que parce qu'il gagnait. Il faisait la banque ; il avait trois mille francs devant lui. Un des joueurs cria : « Tenu ! » Il y eut six mille francs. On tint à droite, on tint à gauche jusqu'à vingt-quatre mille francs. Thibaudeau fit honneur à l'enjeu. Il perdit. « Tient-on les quarante-huit mille francs ? » demanda Walesky. Un silence.

« Je tiens », dit Thibaudeau. Il y eut alors quarante-huit mille francs devant Walesky. « Qui tient les quarante-huit mille francs ? » Un silence tragique. Thibaudeau était alors président de la Compagnie du chemin de fer de l'Ouest : tenir les quarante-huit mille francs, c'était tenir trop gros jeu, mais les abandonner, c'était se créer bien des regrets : « Je tiens les quarante-huit mille francs », dit Thibaudeau. Tout le monde tendit le cou pour mieux voir. L'émotion était grande parce que depuis qu'on avait fermé Frascati on n'était plus habitué à de tels coups de cartes ; on jouait tout simplement pour perdre ou pour gagner quelques billets de mille francs. Cependant, Walesky joua le rôle d'un homme qui cache tout par un sourire, retournant froidement les cartes : « Lansquenet ! » dit-il tout à coup.

Véron, racontant l'histoire le lendemain, la finissait par ces paroles : « Nous avions tous des flammes dans les yeux. »

Le galant homme qui s'appelait Walesky offrit encore de tenir les quatre-vingt-seize mille francs. « Jusqu'à la fin du monde », dit en raillant un des joueurs, qui jugeait que c'était bien assez tenter la fortune.

Mais Thibaudeau tint bon et perdit encore. A la fin de la soirée, ce n'était plus une culotte de quatre-vingt-seize mille francs, c'était un capital de cent quatre-vingt-douze mille francs. Ce qui donna bien quelque inquiétude aux tenants et aboutissants de la Compagnie de l'Ouest.

— Mon cher comte, dit Thibaudeau en tendant la main à Walesky, les dettes de jeu se paient dans les vingt-quatre heures ; je n'attendrai pas si longtemps pour m'acquitter envers vous.

Il salua la compagnie et disparut en se demandant comment il trouverait la somme perdue.

Il la trouva, car sa parole était d'or. Il espérait qu'on ne crierait pas cette aventure par-dessus les toits, mais il y avait ce soir-là trop de journalistes autour du petit tapis vert, et le lendemain tout Paris contait ce coup de cartes diabolique.

Véron, cet enfant gâté, joua gros jeu dans le jeu de la vie. Il ne fut pas très content de mourir, mais il ne pâlit pas trop en voyant la mort. Dans un de ses testaments il se montrait fort bon prince envers Henri de Pène et Albéric Second, des amis de la dernière heure. Mais il déchira ce testament. Il mourut laissant sa fortune à un neveu. Je doute que ses écus se soient beaucoup amusés avec son neveu.

Le docteur Véron fut le dernier fermier général ; il en avait les mœurs et la prodigalité, après avoir fait une fortune rapide comme directeur de l'Opéra.

Cette prodigalité n'empêchait pas son ami Milo de dire : « Véron jette son argent par la fenêtre, mais il descend dans la rue pour le ramasser. »

Quoi qu'il en soit, le docteur était bon diable, et fort amusant.

Il était obstinément original. Demeurant rue de Rivoli, vis-à-vis la grande entrée des Tuileries qui fait face à la colonne Vendôme, il n'était jamais entré dans le jardin même quand ses amis s'y promenaient. « Non, non, disait-il à ceux qui voulaient l'y entraîner, il y a les hommes qui vont à pied et les hommes qui vont en carrosse. C'est un proverbe. Moi, je ne sais marcher qu'en voiture. »

Aussi ne fit-il pas de façon pour aller au Père-Lachaise.

XVIII

ALFRED DE VIGNY

I

Quand je voulus reprendre *Chatterton* au Théâtre-Français, Alfred de Vigny ne trouva bien ni les acteurs, ni les actrices, parce que son idéal n'était plus de la comédie: madame Dorval venait de mourir.

Alfred de Vigny fut un romanesque charmant. Il fut toujours l'amoureux plutôt que l'amant. Marie Dorval me disait: « Quand je suis avec Alfred de Vigny, j'ai toujours peur de m'envoler. Je l'ai recommandé à l'aéronaute Nadar pour son prochain voyage dans le ciel. »

Madame Dorval, qui se métamorphosait pour chacun de ses rôles et qui s'enchevêtrait dans les passions les plus terrestres, aimait à faire ses ascensions dans l'idéal, tantôt avec Alfred de Vigny, tantôt avec Jules Sandeau qui lui-même était un rêveur à perte de vue. On ne la couvrait pas d'or, ni chez l'un, ni chez l'autre : Alfred de Vigny, qui devait devenir riche un jour, avait juste de quoi payer les hommes de loi, qui, à Paris et à Londres, le représentaient pour un grand héritage ; mais, ô justice railleuse ! Alfred de Vigny ne gagna son procès qu'un quart de siècle après sa mort. Sandeau, qui venait de se marier avec une charmante créature sans dot, ne donnait à Marie Dorval que les miettes de la table. Et ce n'était pas son mari, le critique Merle, qui pouvait la secourir, lui qui vivait de l'air du temps, selon son expression.

Cette grande actrice qui mourait à la peine

n'a jamais eu d'argent ; aussi, pour oraison funèbre elle avait à peine fermé les yeux que les huissiers venaient saisir son mobilier.

Madame Dorval non plus qu'Alfred de Vigny ne criaient pas misère, tant il vivaient tous les deux dans le septième ciel. Aussi le poète voulait-il toujours paraître un comte millionnaire, il se croyait déjà dans l'Empyrée. Il prenait souvent la solennelle désinvolture d'un dieu. On ne le surprit jamais terre à terre ni dans ses inspirations, ni dans ses amours ; il métamorphosait sa femme et ses maîtresses en archi-déesses de l'Olympe. Jamais l'aristocratie de race ni l'aristocratie littéraire ne s'élevèrent à un tel diapason. Il est vrai que le comte Alfred de Vigny demeurait alors au cinquième étage, presque au septième ciel.

J'allais le voir en voisin au temps où je dirigeais le Théâtre-Français. Avec moi comme avec tout le monde, il jouait du grand seigneur par un orgueil hors de saison. Il n'avait dans son service qu'une cuisinière de second ordre qui semblait dressée pour la scène. Par exemple, quand je sonnais à la porte de son petit appartement rue des Écuries-d'Artois, au coup de sonnette je l'entendais dire très haut : « Jean, allez donc ouvrir la porte. »

Comme il n'y avait pas de Jean et que la cuisinière torchonnait, il ouvrait lui-même en disant : « Ce valet de chambre est à mettre à la porte, il n'est jamais là. »

Et très gravement il me faisait les honneurs de son petit salon sans perdre un pouce de sa taille héraldique. Après une causerie où il était toujours charmant, d'ailleurs, il appelait encore Jean pour me reconduire : même jeu, vrai jeu de théâtre.

II

Qui donc oserait reprocher à Alfred de Vigny le péché d'orgueil qu'il pratiquait vaillamment ? Si tous les orgueilleux le pratiquaient ainsi, le monde monterait d'un degré vers toutes les dignités humaines. Et tout d'abord il faudrait supprimer l'orgueil dans les péchés capitaux. Il paraît qu'il y en a sept, pour moi je n'en connais que deux ou trois. Quoi qu'il en soit Alfred de Vigny était un orgueilleux de haute volée de par son esprit et de par sa plume. Il en est au dix-neuvième siècle de plus bruyants que lui, mais combien peu sont de sa taille ! A peine trois ou quatre poètes : Lamartine, Hugo, Alfred de Musset, seuls le dépasseraient de quelques millimètres s'il voulait se mesurer avec eux. Oui, c'est une noble figure que nous devons saluer chapeau bas. Cet orgueilleux de noble maison a vécu dans les grandes idées sans jamais tomber dans les infiniment petits.

Et pourquoi n'admettrait-on pas, dans le même rayon, parmi les dieux de l'Olympe romantique, la sympathique figure du soldat-poète, du gentilhomme de lettres Alfred de Vigny ? N'a-t-il pas eu ses jours de triomphe et ses quarts d'heure de sublimité ? Faut-il donc le renfermer dans sa Tour d'ivoire, celui dont le génie avait pris pour épigraphe : *Seul le silence est grand !* N'a-t-il pas marqué l'histoire dans ses romans, comme Walter Scott ? n'a-t-il pas, dans son théâtre, réveillé la voix de Shakespeare ? n'a-t-il pas, poète mystique, continué dans ses poèmes la parole des prophètes ? Figure à jamais poétique, beau front habité par le rêve, bouche souriant sous l'amertume de la pensée, yeux bleus noyés dans l'idéal, chevelure blonde couronnant d'une auréole romanesque ce trouvère égaré dans le dix-neuvième siècle !

III

Louis Ratisbonne, l'ami tout fraternel d'Alfred de Vigny, devrait faire une conférence sur ce grand poète trop oublié : ni marbre, ni bronze pour ce génie superbe et ce cœur vaillant.

Et à propos de bronze et de marbre, Louis Ratisbonne m'écrit : « Un Anglais de passage à Paris m'a demandé sur quelle place se trouvait la statue d'Alfred de Vigny et quelle pièce de lui il pourrait voir jouer au Théâtre-Français. J'ai été confus.

« Alfred de Vigny a vécu pauvre et retiré entre sa mère et sa femme malades dont il fut le frère infirmier. Il mourut peu de temps après sa femme, en proie au terrible vautour : le cancer.

» Vous savez que sous son apparence rigide et doucement altière, il disait : « La politesse » est une défense. » C'était un passionné. Eh bien! ce qui a remué les profondeurs de son cœur ardent, il l'a dit comme il a voulu le dire sous le voile divin de la poésie dans la *Maison du Berger*, dans les *Colères de Samson* et autres poèmes en vers immortels.

» Ne cherchez pas à enfoncer les portes de la Tour d'ivoire. Ouvrez-en, cher ami, la porte avec douceur et montrez le poète travaillant comme on prie la nuit, surtout cherchant avec ferveur dans les étoiles, comme dit Chatterton, le chemin que montre le doigt du Seigneur. »

. . . .

Voilà l'éloquence de l'amitié; mais sous prétexte qu'il ne faut pas enfoncer la porte d'ivoire, il ne faut pas non plus couvrir d'un voile plus ou moins transparent les actions d'un homme doué de grands sentiments; ne cachons que ceux qui ont mal mené leur existence. Ce sont précisément des hommes comme Alfred de Vigny qu'il faut donner en exemple.

XIX

COMMENT LE POÈTE EGGIS

MIT SA MAITRESSE DANS MES MEUBLES

En la belle saison de 1850, Charles Coligny, un des maîtres de la Bohème, me présenta, à Beaujon, un poète inattendu, poète en vers, mais surtout poète en prose. Il se nommait Etienne Eggis, avait couru avec lui les derniers cafés de la Bohème. Ce qui manquait le plus à tous les deux, c'était une chambre à coucher ; aussi, passaient-ils la nuit à courir les cabarets nocturnes, improvisant des vers de haut comique.

En me présentant Eggis, Coligny me dit :

— Vous ne pouvez pas moins faire que de lui donner un gîte ; voilà trois nuits qu'il achève ses nuits sans sommeil sous le pont des Arts, à deux pas de l'Académie qui est son rêve.

Et, là-dessus, toute une phraséologie incroyable.

Le pauvre Gérard de Nerval était passé à la folie, mais Coligny et Eggis parlaient plus en fous que Gérard de Nerval recueilli par le docteur Blanche.

Or, tout justement, j'avais, je ne dirais pas un cabanon, mais un petit pavillon qui était la réalisation d'un rêve pour un poète égaré dans la vie. J'avais acheté, rue de Chateaubriand, un hôtel bâti par le comte de Lamcome-Brèves ; il existait au fond du jardin de cet hôtel un petit pavillon que j'avais dédié à Gérard de Nerval. Maintenant que sa folie le retenait chez le docteur Blanche, je pouvais disposer, pour un autre poète, de cette demeure toute poétique. Je l'avais offerte à Coligny qui promettait toujours de venir le lendemain.

Mais il adorait sa mère, une noble plébéienne qui, pour lui, passait bien des nuits blanches. Il disait pour s'excuser : « Ah ! si j'étais maître de ma volonté ! » Et il continuait la vie nocturne. D'un commun accord, nous adjugeâmes le pavillon à Etienne Eggis qui, pendant quelques semaines, devint un des réguliers de la vie parisienne. Ce fut alors qu'il écrivit ses pages les plus originales : j'en prends à témoin cette géographie de la femme que je publiai dans l'*Artiste*, après l'avoir quelque peu retouchée. J'en veux donner quelques alinéas.

Ce fut une révélation. Et Eggis fut salué comme un Malte-Brun du cœur féminin :

« La femme est un pays situé entre l'ange et le démon, à quarante degrés au-dessus de la latitude masculine et à deux degrés au-dessous de tout ce qui se rapproche le plus de l'équateur de Dieu.

» Elle est bornée, au Nord, par la Sibérie désolée du lendemain ; à l'Est, par l'Angleterre des mesquineries du pot-au-feu matrimonial ; à l'Ouest, par la France, éternellement avide de choses nouvelles ; au Sud, par la Terre-de-Feu des dévouements héroïques, des abnégations sublimes et de toutes les amours. Quoique ce pays ait été, depuis sa création, parcouru par des milliers de voyageurs, et qu'on puisse même ajouter qu'il n'existe pas un homme qui n'y ait fait un voyage, malgré cela, il est presque inconnu et le sera probablement toujours. On a, tour à tour, répandu les versions les plus étranges et les plus contradictoires sur les produits de son sol, les fleuves qui le traversent et les vents de son ciel.

» La végétation de ce pays a toute la luxuriance des terres les plus fécondes ; toutes les plantes de la création, depuis le blé qui nourrit jusqu'à la ciguë qui empoisonne, depuis la violette qui parfume l'âme et les sens jusqu'à la belladone qui rend fou, depuis le baobab qui couvre un peuple jusqu'au wergissmein-nicht qui couvre un brin d'herbe, depuis le lierre qui défend jusqu'au chardon qui déchire, toutes les fleurs du bon Dieu et toutes les épines de Satan y épanouissent à l'aise leur sourire et leur grimace. Cette végétation change à chaque saison, mais elle conserve toujours le même degré de force et d'indestructibilité. Le pays de la femme est sujet à de continuelles variations de température.

» Son soleil, comme tous les soleils humains, est tour à tour lumineux ou assombri par les nuages. Il est sujet à des éclipses produites par l'interposition entre la terre et lui du nuage de la pudeur. Mais, à peine ces éclipses ont-elles élevé leurs brouillards, que l'ouragan du désir passe à travers les nues amoncelées et dégage d'un seul coup d'aile le disque éblouissant du soleil embrasé.

» La lune de ce pays s'appelle la coquetterie ; mais, au lieu de recevoir la lumière, c'est elle qui la donne au soleil.

» L'Océan de ce pays est le frère de la lune ; il s'appelle l'amour-propre et il féconde tout. Cet Océan a les propriétés du Nil : quand il déborde, il fertilise. Il donne naissance à un fleuve infini comme lui, que l'on nomme la Vanité, et dont les plus hardis plongeurs n'ont jamais pu trouver le fond.

» Il est très flatteur pour un homme de paraître avoir beaucoup voyagé dans ce pays. Aussi les petits lycéens à peine éclos, qui ont encore des restes de confitures autour de la bouche et des restes de pensums autour des doigts, en parlent déjà avec un adorable aplomb. Il est cependant de notoriété universelle qu'on ne peut voyager dans ce pays avant d'avoir au moins senti pousser à son menton le poil follet de la dix-septième année.

» La Bible du pays de la femme ne contient qu'un mot : « Je t'aime ! » La femme n'existe que par ce mot : il est en même temps son Evangile, sa Genèse, sa Cuisinière bourgeoise et son Histoire universelle. La femme dit ce mot — comme un pommier donne des pommes, comme le fruit mûr tombe de l'arbre, — mais quand elle le dit à un seul, elle pense toujours à plusieurs. »

Les jugements littéraires d'Eggis étaient toujours frappés au bon coin. Voyez plutôt ceux-ci, que je retrouve tout à propos :

« H. de Salvandy, le clair de lune de Chateaubriand. »

« Gérard de Nerval est simple comme le génie, poète comme l'amour et voyageur comme l'hirondelle. »

« Charles Baudelaire, le plus implacable des tristes. »

« Alfred de Vigny, la poésie couronnée d'étoiles. »

« Louis Veuillot, un Jean-Jacques Rousseau de sacristie. »

« Auguste Barbier, qui a été poète pendant

quatre-vingt-deux vers, comme Gœthe pendant quatre-vingt-deux ans. »

« Henry Monnier, Hoffmann en garde national. »

« George Sand, l'acier d'un homme trempé dans les larmes d'une femme... »

« Esquiros, un farouche qui a le tort de vouloir nous persuader que l'humanité va quelque part. »

« Scribe, cent mille livres de rentes : quand on pense qu'une grammaire française ne coûte que cent sous ! »

Voilà donc Eggis consacré. Lui et Coligny firent merveille dans l'*Artiste*. Par malheur, Eggis était né pour se jouer des tours à lui-même. Je l'avais trouvé un peu trop insensé dans sa vie privée. Il lui fallait traverser mon jardin pour aller à son pavillon. Or, il me fallut devenir sévère pour fermer la porte la nuit et bannir bien vite les dames nocturnes qu'il ramenait avec lui — passé minuit — sous prétexte de faire de la musique. Il m'avait dit :

« Votre pavillon est mon rêve à jamais inassouvi ; il est gentiment meublé, mais il y manque un piano. » Je louai un piano pour Eggis, qui avait tous les dons du musicien comme du poète ; aussi, c'était une bonne fortune pour moi et pour madame Arsène Houssaye dès qu'Eggis se mettait à son piano. Souvent la nuit, quand je revenais du Théâtre-Français, nous avions une séance musicale.

Mais un soir on ne l'entendit plus, ni le lendemain, ni jamais. On força la porte du petit pavillon avec beaucoup d'inquiétude, mais on n'y trouva ni Eggis, ni le piano, ni les meubles.

Eggis, tout envolé qu'il fût dans les hauteurs éthérées, avait des passions. Il s'était pris à l'amour d'une fillette qui voulait être dans ses meubles. Il avait opéré, la nuit, le déménagement de tout ce qui était chez lui pour la joie de la demoiselle. Comme il ne reparut pas, je ne savais que penser de cette fugue étrange, quand je reçus une lettre de lui, qui commençait ainsi : « *Mon cher volé* », et qu'il terminait par ces trois mots : « Votre affectionné voleur. »

Il partait de là pour expliquer son amour bien légitime, promettant de payer le mobilier disparu avec sa plume d'or. En effet, le lendemain, il m'apporta une douzaine de pages folles pour l'*Artiste*, tout en m'offrant d'être mon secrétaire. Je ne voulus pas lui être désagréable : je lui dictai la moitié d'un roman. Il disparut encore, devenu soudainement amoureux de mademoiselle Augustine Brohan, qui daigna lui prouver par ses lettres ironiques qu'elle avait encore plus d'esprit que lui. Deux fois amoureux coup sur coup, il jura de ne jamais plus écrire en prose. Il rima très éloquemment des strophes et des poèmes, tout en voulant renouveler la langue française, se faisant ainsi le précurseur de Péladan et des décadents les plus décadents. Il croyait qu'il était déjà allé dans les Indes ; il me fit un soir ses adieux, tout en me disant qu'il m'enverrait des lettres pour peindre à vives couleurs ce merveilleux pays. Mais il noya bientôt ses rêves dans le lac de Genève, après m'avoir écrit des lettres datées du Mont-Blanc.

Ci-gît un oiseau bleu, à qui il aurait fallu couper une aile.

FIN

TABLE DES MATIÈRES

Préface. — A Camille Rogier v
    I. Être aimé (Sainte-Beuve et le livre d'amour). 1
   II. La marquise de Lacarte et Jules Janin . . 23
  III. Un lys sur du fumier 37
  IV. Édouard Thierry 51
   V. Madame Emile de Girardin, première du nom. 63
 VI. L'Amour et la Mort. 73
VII. Vanité des vanités : Comment je fus décoré. 89
VIII. Le salon de la comtesse de Castellane. . . 105
 IX. M. de Lamartine. 117
  X. Chez Victor Hugo, place Royale 141

XI.	Les romantiques et les fantaisistes.	153
XII.	La cuisinière de George Sand.	169
XIII.	La survivante.	179
XIV.	Comment aimaient les comédiennes au milieu du siècle.	191
XV.	La Lisette de Béranger.	227
XVI.	La mort de Chopin.	241
XVII.	Le docteur Fontanarose.	253
XVIII.	Alfred de Vigny.	304
XIX.	Comment le poète Eggis mit sa maîtresse dans mes meubles	309

ÉMILE COLIN — IMPRIMERIE DE LAGNY

www.ingramcontent.com/pod-product-compliance
Lightning Source LLC
Chambersburg PA
CBHW060405170426
43199CB00013B/2015